蔡英文的非典型力量

臺灣路上

Taïwan, la présidente et la guerre

Arnaud Vaulerin
阿諾·沃勒函 著
柯宗佑 譯

獻給母親

「唯一無望的事，是我們在開始奮鬥前就放棄了。」

——捷克前總統瓦茨拉夫・哈維爾（Vaclav Havel）

目・錄

前言

臺北時間還不到中午，戰爭爆發了。早上快十點，第一波戰爭快報不斷在手機和電視螢幕上湧現。過去幾天，部隊陸續進入戰備狀態，但進攻與否還是未知數，到了今天，答案終於揭曉了，局面卻出乎大家預料。隨著一波波戰事影音傳來，臺灣民眾的心情逐漸由疑轉憂。

全國各地的警報聲震耳欲聾，爆炸聲響直衝天際。城市被飛彈襲擊，廣場被炸出窟窿，建築外牆被擊毀，住宅區滿目瘡痍。機場和飛行場成了攻擊焦點，跑道被重創，飛機在轟炸中損毀，機庫被砲火吞沒，地平線上瀰漫著灰濛的煙霧。被襲擊的地區急需救援，傷者被緊急送往郊區治療，重傷者則被火速送上救護車，前往因應重大災難的醫院。居民倉皇躲進防空洞或大樓地下室。街道上，無論是獨行或有親友相伴的人，或是提著行李或寵物的人，都紛紛尋找地鐵站避難。這場突襲規模太大、速度太快，讓所有人措手不及，僅數小時的工夫，冬日的暮色已經被恐懼和焦慮籠罩。

二〇二二年二月二十四日，由普丁（Vladimir Putin）發動的「特殊軍事行動」在烏克蘭揭開序幕。慘絕人寰的突襲日當晚，在距離基輔（Kyiv）八千公里之外，究竟有多少人心想「今日烏克蘭，明日臺灣」呢？有些人認真看了幾小時電視，緊盯著最新戰事影像，一面聽分析、看報導，懸著一顆心持續關注戰局。他們不敢相信，在人工智慧和網路攻擊掛帥的時代，竟然目睹了一場充斥炸彈、坦克、泥濘和火藥的復古風戰爭。另外一些人在喝酒、吃飯、講電話、坐臥沙發之餘，和親友聊著戰爭的最新發展。他們彼此分享自己當時的驚嚇程度，擔憂著未來局勢和無可避免的後果，甚至輾轉難眠。要是侵略方迅速獲勝該怎麼辦？要是如此，後人恐怕會群起效尤。更糟的是，己方抵抗的士氣還會因此削弱，動員演說也會失去號召力。敵軍陣容龐大，戰敗似乎已成定局，大家戰下去的意義在哪裡？

這場戰爭大大衝擊了臺灣，在臺灣人的心中揮之不去，對總統蔡英文尤其如此。臺灣時間二月二十五日早上，在俄烏戰爭爆發後幾小時，蔡英文出席了造船試驗水槽動土典禮，眼見局勢如此，她非得譴責俄羅斯的入侵行動，並對烏克蘭人表達支持不可。她還特別強調「烏克蘭的情況與臺海有本質上的不同，臺海自有其天然屏障和獨特的戰略地位。臺灣的國軍致力於保衛國土，國際盟友也協助我們維護區域安全」。蔡英文不把臺海和烏克蘭劃上等號，一面鼓舞士氣，一面安撫民眾的憂慮。

無論如何，戰爭以雷霆之勢重返歐陸，也步步迫近臺灣。此時人心惶惶，危機感始終如影隨形。

1

戰爭從未遠離

午後的金門，正吹著暖暖鹹鹹的海風，海風吹到沙丘上佈滿塗鴉的L36據點[1]，輕輕越過這座掩體的坡面，接著穿過灌木叢，把樹葉吹得搖曳晃動。在附近的空地上，陣陣引爆聲隨風而起，有一小隊軍人正在進行連發射擊和瞄準訓練。

金門是位於臺灣國土西界的小型群島，距離中國大陸只有幾公里，卻遠在臺灣本島海岸線一百八十多公里之外。長期以來，金門一直是共產黨與國民黨這對鬩牆兄弟的衝突前線，而且是冷戰時期的必爭之地。

環顧臺灣可能發生衝突的地點，金門和金門北方的馬祖總是榜上有名。金門是臺灣唯一經歷過戰火摧殘的地方（編按：指中華民國政府遷臺之後），二〇二二年二月二十四日俄羅斯入侵烏克蘭之後，人們的注意力開始轉向金門。金門一共有十四萬名居民，而海峽另一頭的廈門則住了四百萬名中國人。從L36據點遠眺，可以看到臺灣最接近對岸的領土獅嶼，獅嶼這座小島的後方是中國的海岸線，上

1 編註：位於金門縣烈嶼鄉的軍事觀光景點，因位於紅土海岸的凹陷處，又名「紅土溝三營區」，內設有官兵寢室、軍械彈藥室，以及步槍、機槍等射口。天氣晴朗時，可由此看見廈門市區「一國兩制統一中國」標語。

頭林立著在陽光下閃閃發亮的玻璃帷幕大樓。在這片波濤洶湧的海域，有時會有中國抽砂船前來抽砂，為新的國際機場進行擴建工程。

金門群島和對岸中間沒有陸地邊界，間距不過幾海里，發動進攻時很容易從一頭跨到另一頭。中華人民共和國（中國）曾多次嘗試攻佔金門，但從沒成功過。同樣地，中國也從沒統治過臺灣。一九一一年，國民黨在大陸地區發起革命，隔年建立中華民國。國民黨是個靠革命起家的國族主義獨裁政黨，自一九二五年起與四年前成立的中國共產黨對抗，雙方衝突越演越烈。

一九四九年國共內戰結束後，金門成了戰爭的前線。毛澤東領導的共產黨軍隊在大陸地區勝出後，試圖攻佔金門，與蔣介石的國民黨軍隊正面交鋒；當時的國民黨在戰敗後撤退到臺灣，並在金門駐軍，推行再華化政策，將金門視為反攻大陸的戰略基地。一九四九年十月二十五日，人民解放軍的進攻行動慘遭滑鐵盧，造成雙方約五千人喪生，逾五千名中國士兵被俘。

這場發生在L36據點附近的戰事，即古寧頭戰役，是蔣介石領導的國民黨軍在美國戰略支持下取得的重大勝利，同時揭示了共產黨面臨的困境。在此之後，金門成了兵家爭鬥和頑抗之地，這種狀況持續了四十多年。

一九五〇年代，金門的戰況相當猛烈，砲彈如雨般襲來。家住頂埔的前金門首長陳水在站在庭院裡，頂著茂密的樟樹樹蔭回想這段歷史：「一九五八年，我們經歷了連續四十四天狂轟猛炸，大約有四十七萬枚炸彈落在這裡。」日益緊張的臺海局勢讓陳水在深感憂慮，擔心孫輩們前途一片灰暗，「當時我才十歲，但這些經歷我記憶猶新。金門島面積一百五十平方公里，每一寸土地都被戰火波及，至少有五千名平民喪生。至於士兵的陣亡人數，我們從來不能確定。」

一九五八年八月二十三日，美國向蘇聯遞出橄欖枝的隔天，中國開始對金門島發動砲擊。當時，美國總統艾森豪（Dwight David Eisenhower）邀請蘇聯總統赫魯雪夫（Nikita Khrushchev）舉行峰會，討論如何裁撤核武，而毛澤東卻對金門發動攻擊，藉此吸引美蘇兩巨頭的關注，讓世人再次討論起臺灣的未來。法國《世界外交月刊》（*Le Monde diplomatique*）的記者費爾南・吉岡（Fernand Gigon）當年寫道：「金門就像是老虎口中的手榴彈。只要手榴彈爆炸，或者老虎緊閉牙關，臺灣和中國大陸（或共產中國）之間爆發戰爭的機會就會升高。」

緊張的氛圍並沒有在短時間內平息。在金門海岸附近，國民黨建造了用來播放反共口號的巨型揚聲器塔。一直到一九七九年，金門仍三不五時承受對岸發射的砲彈。整座島駐守了近十萬名士兵，猶如一座大型掩體，氣氛極為緊繃。金門於是被劃為戰場，實施戒嚴，當地居民也被動員加入防衛行動。直到一九九二年，金門才解除戒嚴。

「金門人經歷了無情的戰火，每家都有成員受傷或喪生。人人渴望和平的生活，但對我們這一代人來說，臺灣地位是不得不面對的課題。」金門縣政府發言人吳伯揚淡淡地說。吳伯揚的爺爺在廈門流亡時去世，儘管離家鄉僅四公里，他卻終生未能再見家人一面，因為他當年從新加坡返回臺灣時被困在對岸，始終回不了家。吳伯揚的辦公室旁有個地下隧道入口，是見證這段殘酷歷史的遺跡。

金門乍看像是冷戰時期的「侏儸紀公園」，以軍事旅遊聞名，但實質上仍是座防禦要塞，擁有數十公里的坑道系統、鋪滿鐵絲網的碉堡、海蝕洞，以及隱藏在茂密植被中的軍事基地。有些海灘布滿了反登陸樁，有座海灘上甚至擺著一輛沒有砲塔的生鏽坦克，這輛坦克似乎被砲彈開罐過，後來漸漸被沙子埋藏在海岸線上。這個區域的排雷工程直到二〇〇九年才告一段落。

今天，約有八千名臺灣士兵駐守金門，而臺灣和中國已不再水火不容。在公家單位服務的吳伯揚凝視著杯中的茶水說：「你看這茶又濃又稠，就好像金門與廈門的關係一樣，濃烈得很。」

金門島被保守且親中的國民黨視為要塞，又位於兩岸之間，這樣的狀態逐漸塑造出島民獨特的身分認同。陳水在說：「金門很特殊，經濟上依賴中國福建，但在政治和民主方面卻與臺灣站在同一陣線。」經歷五十二年冷戰，金門自二〇〇一年起開始與民眾口中的「對岸」交流，包括在福建省、金門及馬祖之間實施小三通，允許商務、郵政和航班往來；每天開放二十班渡輪往返，每年載運超過兩百萬名中國遊客；向對岸販售發酵高粱製成的高粱酒，為金門帶來數十億新臺幣的財政收入，成為老人、家戶和教育社福津貼的來源。

到了二〇二〇年，由於新冠肺炎疫情爆發，這些交流活動不得不暫時中斷。中國開始實施閉關清零政策，嚴重打擊了金門的經濟。「不過，我們每個月還是會和廈門當局通電話，探討合作機會。」吳伯揚補充，「雙方溝通無礙，金門真是個特別的地方。」隨著疫情緩解，渡輪服務逐步恢復，但建造大橋連接金門和對岸的計畫陷入僵局，同時引發許多爭議。不少反對者將該計畫喻為「特洛伊木馬」，認為一旦蓋了橋樑，反而方便解放軍入侵臺灣。

儘管如此，臺灣人和中國人在日常互動中，還是學會了如何和對方和睦相處，主要得避開人權和民主等敏感話題。金門公務員吳伯揚表示：「對中國人來說，這些議題不是很重要，他們比較推崇中國式民主，堅決維護他們口中的『統一』大業。但是對我們這些愛國的人來說，這樣的言論聽起來尷尬又刺耳。」

在當前的局勢下，無論是侵略還是戰爭，似乎都成了不可避免的事實。三十來歲的金門居民王苓，與北京丈夫育有二子，並在歐厝村開了一家紀念品店和民宿。她感慨地說：「我們真心希望局勢能夠緩和，特別是在疫情對商業造成重創之後。但只要習近平還在位，局勢就很難穩定下來。」二〇一九年，當蔡英文總統支持香港民眾，數千人為自由上街抗議，而習近平對臺灣施加壓力時，王苓和丈夫曾經思考今後要搬到中國、定居臺北，還是留在金門？他們最後選擇留下。到了二〇二二年，美國眾議院議長南西・裴洛西（Nancy Pelosi）訪臺後，王苓和丈夫眼見中國對臺灣展示武力，對當初的決定更深信不疑：「如果戰爭真的爆發，無論我們人在金門或是臺北，結果都一樣。」

「不管怎樣，戰爭最終會在臺灣本島落幕，畢竟臺灣是中國政府的主要目標。」吳伯揚凝視著茶杯說，「但是，中國真的準備犧牲他們在這個地區的各種投資了嗎？譬如他們在廈門國際機場投資了數十億美元。再說，現代戰爭並不靠傳統武器，也不會像一九五八年那樣狂轟猛炸。這個時代打的是網路戰和間諜戰。」

這位公務員似乎一時忘記了，俄羅斯正對烏克蘭的城市和民間設施發動攻擊，雙方在前線的泥濘戰壕中激烈交戰，死傷人數已達數萬人。很無奈，即使到了二十一世紀，戰爭方式依然回歸傳統路線。對於三個兒子有可能面臨的戰爭，吳伯揚選擇不去多想，因為他在這裡的生活非常舒服，身邊有親友陪伴。「但如果有必要，我還是會拿起武器戰鬥。」他邊說，邊回想起自己在坦克部隊服役的兩年時光。

二〇二三年春天，臺海戰爭不像是迫在眉睫的事，即使戰爭真的爆發，也不太可能在金門發生。憑解放軍的強大和現代化程度，攻佔金門島對他們來說輕而易舉。習近平可能會選擇封鎖金門，切斷金門的水源，藉此對臺灣政府施壓，或者採取類似俄羅斯佔領克里米亞的行動來控制金門。某位亞洲外交官把金門喻為「臺灣的頓巴斯」（Donbass taïwanais）[2]，究竟金門會不會跟頓巴斯遭受同樣的命運呢？「中國要拿金門當人質實在太容易了。」前金門首長陳水在說，「但說實話，中國這樣做得不到什麼實質利益。」事實上，習近平主要的目標是拿下臺北。

金門依然是個重要的象徵，而蔡英文始終把這座島的特殊地位放在心上。她非常重視金門坎坷的歷史，並從中汲取寶貴的教訓。每年八月二十三日，蔡英文都會親自走訪金門或參加相關活動，以紀念一九五八年解放軍對金門發動的砲

2 編註：頓巴斯地區位於烏克蘭東部，在歷史、語言、信仰、經濟上都深受俄羅斯影響。二〇一四年俄羅斯吞併克里米亞之後，頓巴斯地區也爆發武裝衝突，當地親俄的分離主義分子宣佈成立頓內次克和盧甘斯克兩個共和國，但未受國際承認。烏克蘭政府至今仍持續與當地武裝勢力交戰，並指責莫斯科在背後支持。二〇二二年，普丁宣布承認兩共和國的獨立。

戰。二〇二二年夏天，臺海局勢在裴洛西訪臺後緊張了起來，蔡英文在後來的砲戰紀念活動中表示「任何威脅都無法動搖臺灣人民捍衛國家的決心」。同年八月初，中國以裴洛西訪臺為由進行了大規模海空演習，模擬封鎖臺灣島的情況。

一年後，正值八二三砲戰六十五周年紀念，蔡英文特地前往金門與老兵們共進午餐。在任期內最後一次紀念活動中，她強調「沒有八二三的勝利，就沒有今日的臺灣」，並呼籲大家：「將這份守護家園的決心繼續傳承下去，並持續照顧當年保家衛國的各位戰友與遺族眷屬。」

經過多年努力，蔡英文終於將八月二十三日塑造成「值得紀念的歷史時刻，讓全世界看見臺灣人民的勇氣和決心」。她在二〇二一年視察軍備局生產製造中心時表示：「在這場戰役中，臺灣人民不分族群、不分先來後到，軍民同心，齊力奮戰，團結一心才能保家衛國。」由於新冠肺炎疫情，蔡總統當年不得不留在首都表達紀念之意。她在發言中強調「臺澎金馬是生命共同體」，並提醒大家臺灣社會既有漢人也有原住民，兩者形塑了臺灣的多元文化。為了使全國一心不分政治陣營，蔡英文曾在二〇一九年主動下車向國民黨前任總統馬英九致意。致意後，她又呼籲大家「不要忘記八二三的精神，我們要守護中華民國臺灣」。

八二三這一天，蔡英文特別用來強調改革計畫和未來發展的重要性。二〇二〇年，她參觀了連接金門兩大主島的大橋工地（大橋在二〇二二年十月正式開通），透過這種行動，能讓人民看見政府對實現三十年計畫的投入和決心。此外，蔡英文也呼籲中國當一個「善良鄰居」，積極促進金門與廈門之間的交流。

隔年八月二十三日，蔡英文在公開談話中強調政府努力強化國軍的不對稱作戰能力，並將國造飛機、船舶和潛艦視為「優先的政治任務」。此外，她還宣布將投入更多的資源來「改善軍人的待遇和生活環境」，並致力於加強後備軍力。對於金門的象徵地位，蔡英文相當明瞭，也毫不猶豫扮演團結全國和三軍統帥的領袖角色。但這些身分對她而言，並不是打從一開始就注定好的。

2

循規蹈矩的少女

楓港位於臺灣最南端，是屏東縣西海岸的村落，比鄰兩座國家公園的入口。楓港地區以農業和漁業為主要產業，同時也是蔡英文家族的故鄉。在十九世紀末，蔡英文的祖父從中國廣東省梅縣移居到楓港，並在此定居下來。

二〇一一年十月，蔡英文在鵝鑾鼻燈塔附近舉辦第一場總統大選造勢活動時說：「我一直都很珍惜在這裡的回憶，這座島嶼的最南端，是我和父親經常來看海的地方。從這裡展開巡迴演講、喚醒臺灣人的熱情，是再好不過的選擇。」臺灣南部一向是臺獨支持者的大本營，為民主陣線提供許多助力。

二〇一六年初，距離當選總統不過幾天，蔡英文再次拜訪屏東。她來到一座海邊小村莊，進行選前最後一波造勢活動。「這次為期一週的全臺大掃街，就從楓港開始。」她對現場一百多居民表示，「我感覺鄉親們很想讓屏東變成總統的故鄉，我們來拚全國最高票。」

在德隆宮前，眾多支持者齊聚一堂，蔡英文在上香前兀自沉思著。她的叔叔、嬸嬸和堂姐也到場了，還給蔡英文帶粽子，粽子是一種糯米製的飯糰，在臺灣文化中象徵著勝利。身為候選人的蔡英文一面朝勝利邁進，一面追尋祖先的腳步和家族記憶。

蔡英文的祖父是客家人。客家族群是漢族的分支，在十七世紀下半葉遷居臺灣，如同其他從中國大陸遷來的移民，客家人在臺灣與生活了數千年的原住民部落比鄰而居。蔡總統的祖父娶了一位排灣族女性，排灣族是臺灣南部的原住民，也是臺灣政府認定的十六大原住民族之一，而蔡英文的排灣族祖母來自屏東山區的獅子鄉。二〇一六年蔡英文訪問屏東德隆宮時，廟方主委送了一面刺有「德隆宮」及神明名字的旗幟。在同一場活動中，兩位排灣族頭目還送給她傳統頭飾和圖騰背心，表彰她「排灣族後裔」的身分，同時紀念她的祖母。

蔡英文的祖父母婚後育有五子，排行第三的蔡潔生是未來的總統蔡英文的父親。蔡潔生出生於一九一八年，當時的臺灣是日本領地，日本在戰勝清朝後，於一八九五年與清朝簽訂《馬關條約》，取得了臺灣、澎湖群島及其附屬島嶼的治權。蔡潔生十八歲時為了躲避日軍徵召，動身前往滿洲國。當時的東亞地區戰事不斷，從十九世紀末起，日本帝國持續出征俄羅斯和遠東地區發動侵略，到了一九四一年十二月七日，日本派出神風特攻隊攻擊了夏威夷珍珠港的美軍基地，由於珍珠港事件，美國立刻決定加入二戰。

蔡潔生在中國學習機械維修技術，並在二戰結束日本投降後返臺，也找到機會發揮機械維修的一技之長。他在臺北定居，不斷精進汽車維修技術，接著成立了公司。公司位於臺北市中山北路，在晶華酒店正對面，主要業務是汽車維修服務及銷售二手車和進口車，主要客群包括美軍、高級軍官和公務員。草創時期經營不易，但隨著事業扶搖直上，蔡潔生開始投資房地產，積攢了足以供養多個家庭的財產。根據臺灣《商業周刊》報導，蔡潔生在臺北與四名女士生了十一個小孩，其中一位名叫張金鳳。

一九五六年八月三十一日，張金鳳在臺北馬偕醫院生下蔡英文，蔡英文是蔡潔生十一個子女中最年幼的。關於蔡英文兄弟姐妹的公開資訊不多，只知道有些人從事醫療業、商業和金融業，並在美國、德國和日本工作。二〇一六年三月十四日，在蔡英文正式就職總統前夕，蔡家四位兄長發表了共同聲明，回應前一天《蘋果日報》針對蔡家商業活動的詳細報導。聲明承諾，蔡家兄姐將恪守利益衝突迴避的各項規範，除經營已有的個人本業外，「不會對國內企業進行新的投資」。

對於家人在媒體上曝光，剛當選總統的蔡英文感到「不自在」。隨著事件平息，蔡家人再次退居幕後，始終保持低調，即使在臺灣或美國出席公開場合支持蔡英文，也絲毫不張揚。

長期擔任蔡英文文膽的民進黨前總統府副祕書長姚人多指出：「蔡英文不太願意談自己的家人，這是她不給外人知道的私事。她的親友們同樣守口如瓶，不接受採訪。這可能跟她父親的情史有關，或許是怕尷尬？反正有些話題不能碰，我們很快就知道界線在哪。」蔡英文的一位前顧問提到，他曾經嘗試聊起這個話題，結果被蔡總統瞪了一眼：「我馬上發現這是禁忌話題，絕對不能提。」

打開總統府網站上的蔡英文個人簡介，內容相當簡潔扼要，也提到蔡英文的家庭背景「讓專業、靈活、堅韌、打拚的中小企業精神，在她身上嶄露無遺」。二〇一五年，蔡英文在第一波競選活動期間多次受訪，她在訪問中描述父母是充滿愛心且勤奮的人，有時會工作到深夜。她坦言，父親「有過不同的交往對象，經歷過很多樣的人生階段」。至於她的母親張金鳳，蔡英文則說她全心全意照顧小孩，並且替修車廠的工人備餐。「其實，媽媽很希望有自己的生活和事業，但她也知道，這件事在當時的傳統社會中很困難。」蔡英文在個人傳記中提到，和她嚴格而內斂的父親比起來，母親是一位「個性鮮明、感情濃烈、愛熱鬧的女子」。

蔡英文童年時與家人住在父親修車廠旁的日式平房裡，隨後蔡家搬到了臺北北部，住進位於陽明山國家公園附近的大房子，這是個以泉水和山坡地聞名的地區。一九六二年，蔡英文進入長安小學就讀，六年後進了北安國中。到了一九七一年，她成了中山女高的學生。中山女高是日本人於一九一二年創立的學校，培育了許多臺灣知名人士，校名顯赫，校風嚴謹，學生不太有娛樂和談戀愛的空間。在當時儒家思想和父權掛帥的傳統社會氛圍下，蔡潔生對小女兒蔡英文的管教非常嚴格。

做事認真的蔡英文身為家中的小女兒，本來有義務照顧父母，父母卻勉勵她努力讀書。「大家都不覺得我會做出一番事業。」蔡英文在二〇一五年接受《時代雜誌》（*Time*）訪問時說。她起初想讀考古或歷史，但父親不太支持，認為這些專業很難謀生。儘管家中有不少人從商，蔡英文卻沒選擇商業這條路。一九七四年，她決定進入國立臺灣大學法律系，希望未來能當父親事業的顧問。

蔡英文年輕時作風低調，不為人知，要了解她當年的故事，得從香港媒體的報導中尋找線索。二〇一六年總統大選前，《香港01》網站採訪了蔡英文的高中和大學同學，根據同學的描述，當年的蔡英文是個循規蹈矩、意志堅定，同時又略帶天真的少女。「那時候，我們只會讀書，上完課就去補習。西門町那裡，我們都不敢去！」蔡英文中山女高的同班同學蕭麗玉回憶，「唯一能遇到男生的機會，就是上學搭公車的時候。但她沒有機會，她出入有車接送！」蔡英文當年一有空就待在房間裡讀書，還對鳳飛飛這位發行了八十張專輯、以帽子造型聞名的臺灣流行音樂女王產生了興趣，後來，鳳飛飛成了她的偶像。

蔡英文的大學同學邱晃泉向《香港01》透露，她在學生時期曾經被三位男同學同時追求過，「聽說有些追求者會主動寫信給她，有些人會直接到她家去。」其中一個追求者為了示愛，甚至跑到蔡家位於陽明山的住所外過夜。

在外界流傳的幾張泛黃老照片中，可以看見一位短髮年輕女子，有時不戴眼鏡，經常身穿彼得潘領上衣。「她有一種特別的魅力，跟她接觸久了就會發現，還會越來越喜歡她。」蔡英文臺大法律系的同學江瑞瑭回憶道。

一九七四年蔡英文剛進大學，中華民國（臺灣的官方名稱）已經被聯合國除名了三年。三年前，聯合國大會通過決議，讓毛澤東領導的中華人民共和國取代中華民國的席位。堅持代表全中國的蔣介石政府，自此在國際上逐漸被孤立，隨著美中關係日益密切、日中外交正常化，蔣政府孤立的情形更加明顯。一九七五年四月，矢志捍衛中華民國的獨裁者蔣介石逝世，享壽八十七歲。蔣介石的兒子蔣經國繼任後，逐步放寬威權統治，臺灣開始進入經濟成長高峰期，「臺灣製」產品熱銷全球，外資紛紛湧入，高附加價值產品不斷出口，國內的基礎設施和資訊產業蓬勃發展，使臺灣成為亞洲四小龍之一，與韓國、新加坡和香港並駕齊驅。

臺灣經濟雖然快速崛起，政府的統治依然傳統又保守，經常使用威權手段壓制反對勢力。當時臺灣仍在戒嚴，而民主陣營拚命爭取基本自由，支持遭到政府迫害的政治犯。一九七九年八月《美麗島》雜誌創刊，為民進黨的成立奠定了基石，但政府仍不遺餘力打壓反對勢力。同年十二月十日，反對派領袖為慶祝國際人權日走上街頭，最後遭到政府暴力鎮壓和重罰，足見政府打壓反對勢力的強硬程度。

蔡英文並未參與當時的反對運動，她行事低調、備受呵護，宛如活在象牙塔之中。她的老朋友們證實，對於那些公開示愛的追求者，她一概婉拒了。她似乎早有計畫出國深造，不願意展開任何戀愛關係。面對嚴格家教和政府威權統治的她，當年是否有喘不過氣的感覺呢？

蔡英文取得法學學士學位後，於一九七八年前往紐約。在二〇一五年接受《時代雜誌》專訪時，她曾說自己「渴望過一種革命性的生活」，而在當選總統幾個月前，《時代雜誌》就直接讓她登上封面。這位來自臺灣的年輕女子後來進了紐約康乃爾大學（Cornell University）法學院，修讀為執業律師和來自外國的新科法學院畢業生打造的一年制學程。康乃爾大學位於紐約市市郊，距離鮮為世人所知、相對封閉的臺灣千里之外，為蔡英文打開了通往新世界的大門。二〇一九年七月，她在哥倫比亞大學（Columbia University）的一場研討會上回憶一九八〇年代的經歷：「從不甚民主的臺灣來到紐約，讓我眼界大開。紐約的多元文化和百花齊放的觀點，都是日常生活的一部分。」

無奈，蔡英文在美國的經歷由喜轉悲。她在臺灣時不願意投入戀情，反而在美國找到了對象。她在學校認識了一位男同學，兩人在課後頻繁相處，感情甚至好到考慮結婚，但男生卻在一九七九年登山時不幸墜崖身亡。蔡英文因此備受打擊，最後選擇封閉自己，避談這段創痛經歷，最多指正把登山事故當成車禍的親友。

當年二十三歲的蔡英文開始全心投入學業，鎮日埋首書堆，或許是因為經歷了感情創痛，她養成了獨立又內向的性格。最後，她在康乃爾大學念了兩年書。二〇一六年，她的指導教授兼國際法學者約翰・巴賽洛（John J. Barceló）曾說：「這段經歷對蔡英文非常寶貴，她獨自一人在截然不同的文化環境中生活，不但精通了英語口語、英語寫作、法學英語，更明白美國法律和商業法的運作邏輯。」

在美國求學期間，蔡英文意識到自己在臺灣的教育深受國民黨的國族主義意識形態影響。二〇〇八年九月四日，她在康乃爾大學的演講中提起這件事，並回想一九七八年剛到康乃爾時的情景。她語帶自嘲地說，三十年前的她還在複述國民黨自一九四九年起灌輸給臺灣人的教條。當巴賽洛教授第一次見到她，問她臺灣該怎麼應對中國時，年輕的她不假思索，堅定地說「很簡單，我們最終會統一中國」。顯然，她對國民黨的教條深信不疑。

兩年後，蔡英文成了眼界開闊的年輕法律學者，不再受國族主義教條影響，並在康乃爾大學順利完成學業，獲得了碩士學位。二十四歲那年，她成功錄取了倫敦政經學院（The London School of Economics and Political Science），這是一所在經濟學、法律和國際關係領域頗富盛名的學術機構，培養出許多諾貝爾獎得主和國家領導人。

蔡英文在倫敦政經學院裡埋首書堆、勤作筆記，並接受經濟學家麥可·艾里奧特（Michael Elliott）的指導撰寫博士論文。嚴肅內斂的她，這幾年過得精實自律。臺灣媒體曾經報導，蔡英文在英國期間有過一段情，但由於父親對男方有意見，這段關係不了了之。

蔡英文在接受《時代雜誌》訪問時，提到一段在倫敦宿舍發生的事。有一天，兩位帶點酒意的英國學生敲了她的房門，問她有沒有興趣訂報紙。她出於友善答應了對方，「但我後來才發現，那份報紙是共產黨報，所以我跟他們說支票留著，但麻煩不要再送報給我。」

蔡英文從來不是基進左翼人士。她抵達英國時，柴契爾夫人（Margaret Thatcher）剛剛帶領保守黨上臺，於一九七九年五月正式入主唐寧街十號的首相官邸。柴契爾夫人是歐洲首位女性國家領導人，父母分別是雜貨店老闆和裁縫師，她學業成績優異，後來成為保守黨黨魁，提倡自由主義和反共主義。蔡英文會不會在柴契爾夫人身上看到了自己的影子？她的前文膽姚人多回憶：「蔡英文很欽佩柴契爾夫人，跟我提了好多次柴契爾夫人的事蹟。」姚人多開玩笑地說：「要是蔡英文在英國出生，她很有可能會加入保守黨。」

一九八三年，蔡英文完成了博士論文，題目是《不公平貿易與防衛機制》。這篇長達四百一十六頁的論文，深入探討了最常見的非關稅貿易障礙所衍生的法律問題、分析全球經濟衰退對貿易的影響，並對現行的國際貿易法律秩序提出可能的改革建議。

蔡英文的研究方法包括描述現象、判斷問題與提出建議，並從經濟與財政規範的角度討論大眾對政策的看法。這些手段無法和一個人的性格劃上等號，不過自成一套做事方法。二〇二〇年，蔡總統接受康乃爾大學學生雜誌的訪問，該期特刊的標題為「在逆境中領導」。她在訪談中表示：「法學教育賦予我思考的工具，讓我能以邏輯和分析來處理問題。面對疫情，這種思考模式提供了很大的幫助，因為我需要迅速果斷地作出決策。我很幸運能在美國和英國接受法學教育，這兩國都以民主與法治精神立國，對我的思考影響深遠。臺灣的表現會這麼出色，靠的正是民主體制和公開透明。法律背景是我的優勢，但法律專業仍需要和其他專業領域合作。多虧之前國際商業談判的經驗，我對不同領域的專家都抱持深深的敬意。」蔡英文堅持以專業取勝，不走譁眾取寵路線，她將會持續實踐這套原則。

3

幕後推手

一九八四年，在父親的要求下，蔡英文揮別倫敦，重回臺北，結束了海外求學生涯。她頂著學位、帶著豐富的經歷和見聞回到臺灣。父親蔡潔生希望她回來打理家族生意，但與此同時，這位勤奮用功的法學院畢業生也當上了副教授。年僅二十八歲的蔡英文，開始在國立政治大學法學院和東吳大學教國際商業法。她在自傳[3]中說自己是位作風低調的年輕女性，「我是一個走路喜歡靠著牆邊的人……不喜歡引起別人的注意。」

一九八〇年代末，蔡英文獲中央銀行和經濟部聘請入職。一九八六年起，臺灣政府成立了談判小組，目標是加入關稅及貿易總協定（GATT，即世界貿易組織的前身），因此需要各方專家和技術人員的協助。對於這項任務，頂著倫敦政經學院學位的蔡英文教授駕輕就熟，能讓臺灣以「個別關稅領域」而非國家身分加入關稅及貿易總協定，不去挑釁和激怒北京。這場談判歷時十五年，耗盡了眾多政府官員和金融機構人員的心力。

3 編註：指《洋蔥炒蛋到小英便當：蔡英文的人生滋味》，圓神出版，二〇一一年。

在專制政體邁向自由化和全球化的過程中，蔡英文扮演了舉足輕重的角色。一般人處理議題會投注熱情、採取政治手段，但蔡英文會以技術專家之姿，從經濟和理性角度切入，這是她的正字標記。蔡英文很快意識到，她的性格在外交上具備優勢，因為在商業談判中，她能夠沉著冷靜、面無表情地看著對手，不表現出一絲情緒。正如她在自傳中所述：「這對向來比較內向的我來說，不算太困難。」

一九九〇年代初，國民黨注意到了蔡英文的才華，隨即邀請她擔任經濟部負責外貿事務的重要職位。蔡英文以精準嚴謹、外表樸素的技術專家形象，在政壇幕後確立了一席之地。一九九一年，李登輝總統創立大陸委員會，旨在重建並強化兩岸關係，蔡英文不久後便獲李登輝延攬入會，她因此獲得了一位導師，甚至是位政治上的父親。雖然她對男性主宰的臺灣政壇毫無野心，但這段歷練和共事關係對她留下了不可磨滅的影響。

李登輝在一九八八年到二〇〇〇年間擔任臺灣總統，他在蔣經國去世後推動臺灣的自由化進程，因此被尊稱為「民主先生」。李登輝出生於一九二三年日治時期的臺灣，身為國民黨的領袖，他對中國的態度相對冷淡。他後來赴日本京都大學進修，並於二戰後成為日軍軍官。和許多隨蔣介石從中國大陸撤退至臺灣的國民黨領導人不同，李登輝是土生土長的臺灣人。

李登輝無論在總統任內或卸任後，始終堅持捍衛臺灣意識以及臺灣認同、語言和文化。國民黨政府一向認為臺灣不如對岸，但李登輝不同，他認為年輕一代必須了解臺灣歷史，因此在一九九〇年代，他開始推動本土教育政策。

二〇二〇年七月，隨著李登輝逝世，日本《產經新聞》駐臺北記者吉田信行分析了李登輝這個人：「擁有博士學位的李登輝是位渾然天成的學者。不僅如此，他更是位卓越的政治家，最大的成就是打破了臺灣戰後畸形的政治結構。李登輝並未發動任何革命，只透過選票的力量，就結束了佔人口僅一成的外省人對本省人的長期統治。身為國民黨領袖，他主動將政治權力交給臺灣本土派。」

蔡英文並非國民黨員，還是位政治新手，某位前顧問甚至說她「天真到很呆的地步」，但她還是成了李登輝的弟子，以顧問身分接連完成了許多任務。成為師徒之後，兩人始終維持這樣的關係。他們的個性和外貌大相徑庭：李登輝高大挺拔、直言不諱，蔡英文則身形嬌小、謙遜謹慎。儘管如此，兩人還是有許多相似之處，包括都是客家人、都有經濟學背景、都在臺灣大學和康乃爾大學求學過。而且在進入政壇之前，兩人都在大學教過書。

即使在卸任後，李登輝仍然經常出現在蔡英文政治生涯的關鍵時刻。兩人在公開場合會擁抱、讚美、握手或相視而笑，展現彼此之間的情誼，這對理智且內向的蔡英文來說是相當罕見的表現。二〇二〇年李登輝逝世時，蔡英文在推特上寫下悼念文字：「李前總統奠定了臺灣的民主轉型基礎，為我們留下今日享有的自由。」當年再次當選總統的蔡英文，首先拜訪的重要人物之一就是「民主先生」李登輝，他對蔡英文的政治生涯影響深遠。

李登輝的首任總統任期從一九九〇年到一九九六年，這段時間內，兩岸關係開始出現緩和跡象。一九九一年五月，中華民國政府宣布結束動員戡亂時期，正式放棄對統一中國的追求。同年，臺灣、香港和中華人民共和國加入了亞太經濟合作會議（APEC），這是中國在天安門事件後為了脫離國際孤立所作的讓步。

為恢復交流並促進經濟關係，海峽兩岸分別設立了機構推動兩岸對話。一九九一年二月，臺灣設立了海峽交流基金會（簡稱海基會）；同年十二月，中國成立海峽兩岸關係協會（簡稱海協會）。一九九二年十月底，海基會及海協會在香港進行會談，針對一中原則表述彼此的立場。

一九九二年十一月十六日，海協會同意了海基會「一個中國各自表述」的方案，因為兩岸對於一個中國原則的理解不同。中國政府認為「海峽兩岸都堅持一個中國的原則，努力謀求國家統一」，臺灣政府則認為「在海峽兩岸共同努力謀求國家統一的過程中，雙方雖均堅持一個中國的原則，但對於一個中國的涵義，認知各有不同」。

關鍵的「認知各有不同」這一點，很快就被中國政府忽略，轉而大力宣傳所謂的「九二共識」，這成了後來政治對話中的巨大障礙。倪雅玲（Valérie Niquet）在著作《臺灣面對中國》（*Taïwan face à la Chine*，暫譯）中提到：「這個共識實際上沒有書面紀錄，本質上是虛假共識，卻被視為不容否認的歷史事實。」漢學家高敬文（Jean-Pierre Cabestan）和魏明德（Benoît Vermander）則在一九九九年的著作《尋覓邊界的中國》（*La Chine en quête de ses frontières*，暫譯）中分析：「這實際上是讓雙方向前邁進的最小妥協，不是真正的共識。」[4]

隨著會談進行和技術性協議的簽訂，兩岸的交流日益增加。但是到了一九九五年，隨著李登輝計畫訪問美國，兩岸關係又再次緊繃起來。同年五月，美國國會兩院通過決議，允許李登輝於六月九日和十日在康乃爾大學發表演講。這次出訪是項壯舉，象徵臺灣打破了國際孤立，可以不必成天與北京大眼瞪小眼。中國因此對美國強烈不滿，並稱李登輝為「叛徒」。

在康乃爾大學的演講中，李登輝堅定捍衛了臺灣認同、主權及民主實踐，與中國的政治體制形成了鮮明的對比。他既引用捷克前總統哈維爾（Vaclav Havel）的話語，又提到了「共產主義的衰敗」，還自豪地表示「臺灣的成就很顯然的能夠幫助中國大陸經濟自由化和政治民主化」、「本人從政以來，始終以民眾的需要

4 編註：有關九二共識的歷史細節與各種說法相當複雜。經徵詢曾親身參與九二會談的相關人員表示，香港會談中雙方對一個中國的內涵要如何表述存有很大差異，最終無法獲得共識。香港會談結束後，兩岸透過電傳、電話、發布新聞稿等方式繼續溝通，一九九二年十一月十六日，海協會同意海基會提議，也就是因為兩岸對於一個中國內涵的認知各有不同，無法在表述方式上取得共識，所以建議雙方按照自己的認知，各自以口頭的方式，自行表述「一個中國」。但中國政府後續轉而大力宣傳所謂「兩岸都堅持一個中國原則就是一九九二年兩岸達成的共識」。換言之，本質上是兩岸無法達成共識，卻被中方稱為臺灣已經接受一個中國的歷史事實。

及意願，作為施政的明燈。本人也很誠意地希望，大陸的領導人士，未來也會接受如此的指引」。李登輝這番有力的言論引起了中國的不滿，尤其他在演講中反覆提到的「中華民國在臺灣」，也被中國政府解讀為挑戰「一個中國」原則。

一九九五年七月，北京在臺灣周邊海域發射導彈，直接向臺灣發出警告，開啟了第三次臺海危機。這場危機持續到一九九六三月，直到總統大選結束的隔天。三月二十三日，李登輝以百分之五十四的得票率贏得大選，成為臺灣首位經由全民直選產生的總統，並宣告「民主的大門已經全然開啟」。不過，北京則是關上了大門。

在這場臺海危機中，蔡英文走到了幕前。她當時擔任陸委會顧問，並在李登輝主持的國家安全會議中扮演著戰略角色。從一九九四年到一九九五年，蔡英文率領團隊研究港澳關係並起草相關法案。三年後，當海基會主席辜振甫前往中國會見海協會會長汪道涵，蔡英文意外被任命為辜振甫的發言人，從幕後角色變成大眾眼中的「談判專家」。這段故事被美國在台協會處長、相當於美國駐臺使節的包道格（Douglas H. Paal）記錄在二〇〇六年一月的機密備忘錄中。該備忘錄後來被維基解密公開。

一九九九年七月九日，臺灣與中國的關係再次緊繃。當天，李登輝在接受德國之聲（Deutsche Welle）電臺專訪時宣稱「（中華民國）一九九一年修憲以來，已將兩岸關係定位在國家與國家，至少是特殊的國與國的關係」，這番話引發了中國強烈不滿。李登輝選擇在德國媒體發表這樣的言論，是否企圖借助德國在分裂後依循一國兩德模式統一的背景，來增加國際影響力並尋求支持？不管出於何種目的，李登輝的言論被認為是故意挑釁，連一路相挺的美國也無法苟同，認為在總統選舉前幾個月的敏感時期這樣做很不負責任。中國媒體則是砲火猛烈，將李登輝斥為「過街老鼠」和「民族敗類第一人」。

因為與李登輝關係密切，蔡英文被認為是「國與國關係」說法的幕後推手。對於李登輝聲明中「國與國關係」的概念，美國的機密備忘錄所說的「靈感來源」，指的是否就是蔡英文？對此，前民進黨中國事務部和國際事務部主任、現任遠景基金會的執行長賴怡忠認為：「這種看法有點誇張，李登輝政府早就成立了專案小組研究特殊國與國關係，這是很多人的心血。」事實上，臺灣在一九九九四年就已經發布了一份白皮書，提出兩岸「在國際間應為併存之兩個國際法人」，但當時這份白皮書並沒有引起太多關注。

來到位於臺北南端的遠景基金會，賴怡忠坐在冷氣涼爽的辦公室裡回憶當年：「陸委會時期，蔡英文率領一個研究小組，專門探討其他國家對臺灣地位的看法，特別是歐洲國家的觀點。研究結果顯示，很多歐洲人認為臺灣是中國的一部分，這對臺灣來說是個警訊。研究團隊認為，在臺灣準備與中國重啟談判之際（作者註：指汪道涵於秋天訪問臺北時），明確表達自身立場非常重要。」

會出現「國與國關係」的概念絕非偶然。「李登輝不但立刻接受這個概念，而且還主動推廣。」漢學家高敬文在文章中寫道，「他的動作太快，跟他最熟的顧問都非常意外，連辜振甫顧問都是看了媒體才知道這個說法。」

蔡英文不是唯一一位催生概念的人，卻是團隊的核心人物。回臺十六年，這位年輕、聰明又低調的技術專家，已經成為李登輝團隊裡的關鍵角色，在積極和專業上都非常出色。二〇〇〇年五月開始，蔡英文被任命為陸委會主委及政務委員。這一刻起，她踩著謹慎的步伐，正式踏上了她的政治之路。

4

如履薄冰

蔡英文才剛上任，竟然差點就被開除了？時間回到二〇〇〇年春天，國民黨才剛輸了總統大選，丟掉政權，這次歷史性的敗選，是因為國民黨內部分裂，導致大選表現差強人意。原本黨內民調最高的是宋楚瑜，但最後卻選了支持度、組織能力和人脈都不如宋楚瑜的連戰。宋楚瑜決定獨立參選後，立刻就被國民黨開除。當時已經無法連任的總統李登輝，在任期最後幾年逐漸向綠營靠攏，甚至半公開支持民進黨候選人陳水扁。在二〇〇〇年三月十八日的大選中，陳水扁以略高於三十萬的票數擊敗宋楚瑜，贏得選戰。[5]

國民黨這次敗選，為臺灣民主史寫下了政黨輪替的新頁。同年五月，新政府上臺，蔡英文被任命為陸委會主委，她從幕後來到幕前，擔任政治性更強、備受關注的職位，角色相當於中國事務部部長。蔡英文既要處理辦公室日常工作、參與漫長的技術談判，又要頻繁在媒體上曝光。她成了第一位擔任陸委會主委的女性，準備與中國正面交涉。這是史上第一次有女性官員和共產黨官員交鋒，為後

5 編註：當年各候選人得票分別為陳水扁／呂秀蓮 4,977,697 票、宋楚瑜／張昭雄 4,664,972 票、連戰／蕭萬長 2,925,513 票。

人開了先河。

《美麗島電子報》提到：「陸委會主委可能是政府內最有挑戰性的職務，不但預算有限、事情複雜，還需要同時應付三大戰場，包括面對共產黨、與在野黨交涉，以及安撫黨內的極端派系。」當陳水扁總統還在摸索時，蔡英文也跟著學習成長。

陳水扁上任後開始尋找方向。漢學家高敬文在著作中指出，陳水扁「處理對中國的敏感問題時，比前任總統更加謹慎小心。前任總統因為忽略來往的禮節而遭受批評，而禮節對中國領導階層而言極為重要。」陳水扁嘗試建立全面的框架，與北京重啟對話。

陳水扁在五月二十日的就職演說中表示：「我們相信雙方的領導人一定有足夠的智慧與創意，共同來處理未來『一個中國』的問題。」他進一步承諾，「只要中共無意對臺動武，本人保證在任期之內，不會宣布獨立，不會更改國號，不會推動兩國論入憲（作者註：李登輝總統提出兩國論時，引發中國政府不滿），不會推動改變現狀的統獨公投。」這位剛上任的新總統步步為營，對北京伸出友誼之手，尋求雙方的共識。

一個月後，陳水扁第一次舉行記者會，以南北韓領袖不久前在平壤召開的峰會為例，邀請中國領導人江澤民召開類似的峰會。不過，中方開出了前提條件，要求臺灣必須先認同「一個中國」的原則。

到了六月二十七日，陳水扁進一步表明立場。他與美國亞洲基金會（Asia Foundation）會長威廉・富勒（William Fuller）等人會面時表示，新政府願意接受兩岸一九九二年「一個中國，各自表述」的共識。陳水扁的發言對民進黨、總統府及陸委會投下了震撼彈，因為他事先並未和顧問團隊溝通。對民進黨內眾多獨派人士而言，總統顯得太配合中國。這是非平息不可的風波。

平定風波的任務落到了蔡英文手上，她隔天緊急召開記者會闡釋陳水扁的言論，實則替總統的立場重新定調。她在記者會上戰戰兢兢，強調陳水扁最新的發言跟六月二十日的記者會立場一致，但她同時明確指出，一九九二年的談判並未達成共識：「『一個中國，各自表述』是臺灣方面用來描述一九九二年（海基會與海協會）談判結果的說法。我們從未接受中華人民共和國的一中原則。」

身為經驗豐富的談判專家和學者，蔡英文再次強調九二年的時空背景：「一九九二年兩岸所派代表舉行會談時，雙方曾針對如何解決一個中國問題進行具體討論，但無法獲致結論，因此臺灣方面建議以『各自表述』的方式處理。中國稍後也致電臺灣，表示尊重臺灣的建議。」

經歷這次風波之後，陳水扁可能意識到不該放任失誤釀成政治危機，因此決定讓蔡英文留任陸委會主委。漢學家高敬文和魏明德在著作中提到：「蔡英文是新政府首批團隊中的關鍵人物。身為『特殊國與國關係』論調的推手之一，她在五月初宣布中華民國將不再提『特殊國與國關係』，不過她並未否認這一事實。」蔡英文全心鑽研兩岸關係，認真撰寫筆記和報告的投入程度，備受政界友人和前顧問群讚賞。「她發表公開聲明時總是如履薄冰，看似願意和中華人民共和國和談，但立場非常堅定。中華民國試圖透過加入世界貿易組織邁向國際舞臺，可說是應對北京壓力的最佳策略。」高敬文和魏明德表示。

蔡英文的國際策略成了她的正字標記和施政方針。這位以謹慎與謙遜見稱的領袖，具備了真正的政治視野，她從九〇年代末就開始醞釀想法，並在擔任陸委會主委及八年總統任期內發揚光大。這是她政治生涯的一大成就，也是她留給繼任者的珍貴資產。在過去的討論中，臺灣問題一向被視為中國內政問題，臺灣島也只是中國附近的一座小島；而今，臺灣成了影響整個地區經濟和戰略穩定的核心議題，扮演著維繫商業、工業、健康、國防及民主自由的關鍵角色。推動臺灣國際化的人不只有蔡英文，但她卻是少數幾位致力將臺灣推向國際舞臺，深化與美國、歐洲、日本和韓國等民主國家外交關係的領袖之一，以此擺脫與北京大眼瞪小眼的局面。

蔡英文擔任陸委會主委期間，處事有條不紊。「蔡英文並不算是政治人物，她更像是官員。大家覺得她很會處理兩岸問題，因此開始關注她。」遠景基金會執行長賴怡忠回憶道，「對中政策對民進黨來說，一直是燙手山芋，尤其在陳水扁執政時期。但蔡英文能妥善處理許多敏感的政治問題，並從法律角度出發來應對。這樣做可以改變討論框架，讓關注焦點變成採取行動時需要什麼程序、法律界限在哪，而不是迎合中國的政治要求。」蔡英文的風格少了情緒，多了理性，更能證明民進黨有維持海峽兩岸和平穩定的能力。

二〇〇一年，蔡英文以務實態度開放了小三通，促進金門、馬祖等離島與中國的商業、郵政和交通往來。這項看似簡單的措施，在象徵和政治面都取得了平衡，也不會提高風險。在與中國建立海、空聯繫之前，蔡英文更特別保護臺灣的資金，嚴格控管與中國的直接商業交流。陳水扁認為中國蓄意破壞臺灣團結，因此必須時時提高警覺。中國的手段包括邀請大批臺灣政界人士訪中、允許國民黨在北京設立辦公室，刻意製造分裂來挑戰臺灣新政府和民進黨。陳水扁提出商業和文化統合的想法，蔡英文則提出「政治統合」的概念，民進黨也採納了，但她沒有進一步闡述細節，也拒絕配合中國的要求。她強調，任何方案都必須獲得臺灣人民同意，並且達成最大共識後才能執行，至今她仍然堅持這項原則。

到了二〇〇四年，蔡英文成為首位做滿四年任期的陸委會主委，這項紀錄至今無人超越。任職陸委會主委期間，她連續四年在內閣滿意度調查中排名第一。蔡英文還與立法院合作，成功完成了《兩岸人民關係條例》的修法，[6]即使國民

6 編註：指《兩岸人民關係條例》第九次修正，於二〇〇三年十月九日三讀通過。此次修正新增了三十條、修正五十四條、刪除一條。修正幅度超過百分之八十，是歷來修法幅度最大的一次。

黨和民進黨關係緊張，她也能夠與國民黨的立法委員合作。前總統府副祕書長姚人多表示：「她在陸委會表現出色，能夠處理別人處理不來的複雜議題。」一提到前上司認真的態度，姚人多總是直言不諱。

臺灣民眾開始認識蔡英文了。「她改變了討論對中政策的方式，引起了民進黨高層的注意。」賴怡忠表示，「她不是國民黨黨員，但她與李登輝前總統關係密切。陳水扁上臺後，蔡英文成了民進黨政府的新星，被黨內視為新王牌。她因此被推向政治舞臺幕前，開啟了職涯的新篇章。」

蔡英文在二〇〇四年加入民進黨，同時離開了陸委會，進入一段忙碌又責任重大的時期。陳水扁該年以些微差距贏得總統大選，在他連任後，蔡英文獲任命為總統府國策顧問。隔年，她以全國不分區立委身分進入立法院，接著在二〇〇六年一月被任命為行政院副院長。

蔡英文成為臺灣政治高層之後，美國政府開始對她感興趣了。美國在台協會處長包道格在一份備忘錄中對蔡英文的經歷讚譽有加，到了一月二十三日，即蔡英文被任命為行政院副院長四天後，這份備忘錄就被發送給美國中央情報局、商務部、財政部、國務院、國防部以及印太司令部。

包道格在備忘錄中說蔡英文「是位堅韌不拔的談判員，非常有能力、說服力很強」、「從二〇〇〇年到二〇〇四年，她曾經擔任四年陸委會主委，因此在兩岸事務上的影響力會比所有前任副閣揆都強」。包道格更認為「任命蔡英文是為了鞏固新內閣在經濟和財政管理方面的能力」，同時補足行政院長不具備的能力。

美國在台協會處長在備忘錄中回顧了蔡英文副閣揆的傑出學歷、豐富的施政經驗，並詳述了她身為專家在政治領域中的果敢和投入：「二〇〇一年底，陳水扁總統推動了積極開放和有效管理兩岸經濟交流的政策，而蔡英文正是政策的制定者。」包道格稱讚蔡英文在擔任陸委會主委期間「獲得了立法委員的尊重」、「她的立場堅定，表達清晰且具說服力」。包道格表示自己期待與一位「熟悉議題的領導者」合作，認為她是「執政黨內部嫻熟制定和實施政策的人」，而且「英語流利」。美國在台協會處長的備忘錄以一句耐人尋味的評論作結：「她是那種善於找理由避免行動的人。」他想強調的，似乎是蔡英文過去幾年不時展現的謹慎，以及拒絕在壓力下行動的態度？

蔡英文未滿五十歲就被任命為副院長，她著手推動創新產業發展，特別是生物科技領域。然而，兩岸議題必有波瀾。二〇〇五年，中國通過了《反分裂國家法》，企圖阻止臺灣採取任何獨立行動，一旦臺灣宣告獨立，中國將依法動用武力。同年三月二十六日，約一百萬名臺灣民眾應陳水扁政府號召走上街頭抗議。7事實上，對臺獨主張有意見的不只中國，美國也對陳水扁的激進發言和不一致的政策日益不滿。更嚴重的是，陳水扁捲入家庭貪腐醜聞，不僅損害了民進黨的形象，也讓政府陷入動盪。二〇〇七年五月行政院長辭職後，蔡英文也隨即卸下公職。在民進黨陷入危機的同時，國民黨對接下來的總統大選滿心期待，而蔡英文則即將迎接更大的關卡。

7 編註：指「民主和平護臺灣大遊行」，這也是臺灣史上首次有時任國家元首參與的遊行。

5

拯救民進黨

二〇〇八年，對民進黨是不堪回首的一年。身為黨內要角的立法院副院長蔡其昌回憶當年的民進黨「處於生死關頭」。對比後來，民進黨成功取得政權，蔡英文當上總統，民進黨在立法院中也成了最大黨，蔡其昌本人更連續八年穩坐副院長職位。辦公室和外頭的走廊上擺滿了為他祝壽的賀詞和美麗的蘭花，顯見這位副院長備受尊重，民進黨也在政治體制裡扎根了。

很難想像民進黨十五年前岌岌可危、在垂死邊緣掙扎的景況。蔡其昌邊看著杯中的綠茶邊回憶道：「民進黨被重重打擊，沒有人願意挺身而出收拾殘局。」當時，由於陳水扁前總統及第一家庭涉及貪腐、濫權和詐騙醜聞，加上陳水扁對中政策的衝動和任性，民進黨的形象深受其害，民主陣營內部也充滿了猜疑和不滿。蔡其昌指出：「民進黨的信用和形象嚴重破滅，士氣一落千丈，敗選讓黨內雪上加霜。」

二〇〇八年的選舉結果，完全顯示出選民對民進黨的不滿。一月十二日，民進黨在立法院選舉中掉了六十二席，只保留了二十七席，而國民黨則贏得八十一席。三個月後的總統大選，民進黨敗得更慘烈。國民黨的馬英九以百分之五十八點四五的得票率壓倒性獲勝，贏了民進黨兩百多萬票。臺灣各縣市被藍營橫掃，僅南部五縣市由綠營勝出，但即使贏下這些鐵票區，依舊掩蓋不了慘敗的事實。全黨低迷至此，無論是民主陣營或對手陣營都認為民進黨前景堪憂。

賴怡忠當時也身在低迷的民進黨內，「那時民進黨陷入一片黑暗，壓抑得讓人窒息，整個黨幾乎要分崩離析了。」他回憶道，「國民黨對民進黨發動了幾十起法律訴訟，尤其馬英九剛上任總統不久，就對剛卸任的陳水扁發動追捕。除了陳水扁個人被針對，民進黨的其他立法委員和官員也成了狙擊目標。國民黨一連串的法律行動，一方面要摧毀民進黨的領導階層，另一方面是為了威嚇民進黨的支持者和金主。」

民進黨陷入深深的恐慌和絕望，有些黨員擔心歷史重演，不得不再次和強勢的國民黨對抗。國民黨不但捲土重來，而且對民主陣營來說，國民黨還與廣納中國人士的親中政黨站在同一陣線。情勢如此，民進黨在瀕死邊緣掙扎振作，全黨改革勢在必行，大家都在尋覓下一任黨主席。賴怡忠表示：「我們需要能穩住局面的主席，鞏固所剩無幾的組織架構，讓整個黨不至於分崩離析。」

民進黨於一九八六年在臺北成立，當時臺灣正處於戒嚴時期。成立之初，民進黨就致力推動臺灣的民主化，爭取更開放自由的政治體制，並追究獨裁政權犯下的罪行。創黨成員還積極對抗國民黨內部的貪腐，以及捍衛臺灣的文化及身分認同。因此，民進黨的作風常帶著本土色彩，黨內也有一群人支持臺灣獨立，堅決反對與中國統一。

辜寬敏是這波臺獨思潮的代表人物之一，二〇〇八年時，他自願帶領民進黨度過難關。當年八十二歲的辜寬敏不但是位億萬富翁，又和日本關係深厚，他打算用個人財產拯救民進黨，以免全黨破產。然而，有鑑於民進黨的詐騙及貪腐醜聞，再考慮辜寬敏的年紀和富豪身分，眾人普遍不看好這位候選人，而辜寬敏本人更發表了一些貶低女性的言論，讓問題越演越烈。他認為女性沒有能力平息黨內危機，遑論單身女性，他想批評的對象就是蔡英文。

曾任行政院副院長的蔡英文，一開始並未主動參選。「她不是典型的政治人物。」姚人多表示，「她加入民進黨才四年，黨內人脈不算多，對黨的文化和支持者也不太了解。我甚至覺得，她當時也沒想到自己會有替民進黨代言的一天。不過有些人認為，她溫和正直的形象有助於民進黨擺脫貪污形象，所以就建議她參選。」

在大學任教的姚人多當時也是民進黨黨員，他認為問題有解了，所以某天早上主動跑去找蔡英文。二〇二三年五月的下午，姚人多坐在臺北的酒吧裡，一邊喝著啤酒一邊回憶：「民進黨已經在生死關頭了！會走到這個局面，每個黨員都有份，但蔡英文除外。她在陸委會的表現很出色，她冷靜、正直、勤奮，英語又流利。反觀傳統的男性政治人物，沒有半個搬得上檯面。我跟她說，『你一定要當黨主席。』她聽了之後瞪大眼睛，因為她從沒考慮過這件事。然後她要我列清單，把要她參選的理由寫下來。清單耶！這就是蔡英文的作風。」姚人多喝了口酒，接著開了個玩笑，「她不愧是大學教授，有夠愛讀報告，非得先看書面資料才會形成自己的意見。」姚人多應蔡英文要求列好清單，並且傳給對方。兩人在兩週後再度碰面，蔡英文已經決定爭取黨主席的位置。二〇〇八年五月，年僅五十餘歲、單身且無子女的蔡英文，在黨內選舉中戰勝了年逾八十的資深黨員辜寬敏，以壓倒性勝利當選黨魁。

對民進黨和臺灣而言，這次選舉帶來了重大轉變。在父權和保守的臺灣社會中，這是頭一遭有女性當上黨魁，讓蔡英文成了獨一無二的人物。姚人多說：「她是學者，在國外留學過，是社會菁英的一分子，但她加入的政黨，裡頭的基層黨員卻動不動就會大小聲，甚至口出穢言。」

民進黨政策委員會主任羅致政是蔡英文的親信。自二〇一六年起擔任立法委員的他，回想與新任黨魁第一次開會的情形：「開黨內高層會議的時候，大家原本習慣用臺語溝通。」長期以來，講臺語是用來反抗國民黨的方式，因為國民黨企圖消滅本土語言和方言，推行華化政策。羅致政接著說：「但蔡英文的臺語不好，她決定要求大家用華語開會。她不是創黨元老，卻要團結全黨，和不同世代的黨員合作，包括異議派、忠誠派、獨派等等。不過很多年輕人認為她比其他人更能改變局面。民進黨需要打造新形象、新品牌，而蔡英文與過去的黨主席截然不同，她的風格更知性、內斂，也更清新。」

一開始，黨員還不太習慣這種新風格，因為以前那些激昂的黨內高層演說、渲染力十足的肢體語言、臺上滔滔不絕的男人們、華而不實的承諾，全都沒了。

「她跟我說這不是她的風格，」蔡其昌回憶道，「她講話很平、很柔，有時候聲音很小。但她覺得這樣講話反而會讓大家更專心聽，想多了解民進黨，然後把她的話聽進去。」

這波「英式改革」不僅僅是表面工夫，更改變了民進黨的整體運作。這位新任黨魁努力打破黨內封閉的小團體，主動打開民進黨的大門，鼓勵工人、農民等各界人士參與黨務，尤其是要吸引三十到四十歲的年輕人。「她希望讓年輕人進入決策圈和工作小組，來活絡黨內氣氛。」蔡其昌補充道，「她還想改變民進黨的形象，擴大受眾和議題範圍。她覺得民進黨不能再走純臺語路線了。」之後，民進黨提出了新政綱，也制定了新的紀律考核標準及提名流程，畢竟黨內被派系問題困擾太久了。

蔡英文出任黨魁時，在辦公桌上擺了兩面小旗，分別是民進黨旗和中華民國國旗。蔡其昌表示：「這件事看起來微不足道，但以前的黨主席從來不提中華民國，只提臺灣。」新任黨魁這麼做除了有象徵意義，也是將國家的官方名稱納為己用，不讓國民黨獨佔名稱帶來的好處及正當性。「從二〇〇八年開始，蔡英文不斷強調中華民國是國家的正式名稱，同時強調中華民國與臺灣的連結，這個做法和黨內的傳統獨派不同。」蔡其昌接著說，「獨派常高喊建立臺灣共和國，但這樣的立場很容易激怒中國。蔡英文選擇把兩個名稱結合，也更常提到維持臺海現狀，而不談一個中國政策。」這些措辭有時讓人霧裡看花，略顯拗口，不過引發了一番討論。

蔡英文擔任黨主席前幾個月，首要任務是解決黨內財務危機。「我們破產了，完全沒錢。」賴怡忠回憶道，「她跟黨工說薪水會被砍半。這項方案很難推而且不受歡迎，但由於大多數黨員出身平凡，最後還是接受了。」蔡英文堅決不重蹈陳水扁執政時期的覆轍。她的前文膽姚人多說：「她不想收大企業或財團的錢，不希望依靠億萬富翁援助，這是原則問題。她公開表明自己的立場後，民進黨開始收到來自黨員和臺灣民眾的捐款，每筆金額不多，但捐款人數非常多。真的很神奇，每當我們外出參加集會或活動，民眾會主動來到我們面前，然後遞上五百或一千臺幣的鈔票。蔡英文也會自掏腰包幫忙解決財務問題。」

整個過程既緩慢又費力，但民進黨黨內的信心漸漸恢復，黨的公眾形象也逐步改善。最後發現，即使陳水扁在二〇〇八年底被起訴，國民黨對民進黨提起的許多訴訟都沒成案。賴怡忠指出：「這些案件都是出於政治動機，很多案件因為證據不足而被撤銷。」臺灣人也意識到，面對來自中國的壓力，民進黨是守護臺灣不可或缺的防線，而立場曖昧的國民黨是擔不起這個角色的。姚人多補充道：「黨員期待蔡英文拯救民進黨，因為民進黨是唯一執政過而不是來自中國的本土政黨（作者註：譬如中國國民黨）。如果民進黨消失了，臺灣的未來就沒望了。」

二〇〇九年五月，民進黨號召數萬名支持者在臺北與高雄走上街頭，對馬英九一年前上任以來的政策表示抗議。這次，蔡英文首度以反對黨黨主席的身分站上火線，批評馬英九在二〇〇八年全球金融危機後的經濟表現差強人意，更對他與中國的關係提出質疑。五月十七日活動當天，蔡英文對數千名參與者喊話：「馬英九政府說中國是臺灣唯一的出路，這是我們不能同意的！馬英九拿臺灣主權跟中國交換短期的經濟利益，把臺灣人的前途跟未來放在中國人的手上。馬英九與中國的談判沒經過國會同意，沒問過民意，根本就是個反民主的政府！」她接著呼籲：「燕子去了，還會再回來；景氣下跌，沒有再起的時候。如果國家沒有了，就不能再回頭了。」「我要宣布『全民保臺運動』從今天開始！全民團結，捍衛民主，我們大家一起來保臺！」

越來越多人聽見蔡英文的聲音，民進黨似乎觸底反彈了。二〇〇九年九月到二〇一〇年二月，民進黨在六場立委補選中連續擊敗國民黨，獲得勝利。羅致政指出：「蔡英文的領導能力和威望越來越被肯定。」她也採取了對外開放策略，出訪不同國家，最常訪問的是日本。她還克服害羞性格，頻繁上電視接受訪問。二〇一〇年四月，她與馬英九進行了一場辯論，當場批評兩岸經濟合作架構協議（ECFA）。ECFA旨在降低許多商品和服務的關稅與貿易壁壘，馬英九希望透過ECFA減少兩岸分歧，正常化兩岸關係，並促進臺灣的經濟成長。ECFA在臺灣引起了廣泛討論，自一九四九年以來，這是兩岸首次討論互助合作的協議。

馬英九承諾，ECFA將會「保障臺灣在中國的投資以及智慧財產權。在和中國進行談判時，我們將維護臺灣的主權」。他還提到，透過ECFA，臺灣對中國的出口會增加，有助於降低臺灣的失業率。

蔡英文則持反對意見，她認為ECFA會強迫臺灣市場對中國低價產品開放，對臺灣的整體經濟將造成負面影響。她認為，臺灣應該在世界貿易組織的架構下進行談判，為臺灣帶來更多保障。蔡英文強調，「一旦ECFA引發經濟波動，勞工、農民和領固定薪資的族群會是最大的受害者。」

身為幹練的反對黨領袖，蔡英文明白這項協議會引發臺灣社會擔憂，甚至有人會擔心臺灣會朝統一走去。當時的民調顯示，只有百分之十五的人支持統一。學者巴特雷米·庫赫蒙（Barthélemy Courmont）在二〇一四年指出：「自從國民黨重新上臺以來，支持『維持現狀以後走向獨立』的人明顯增加，簽署ECFA後尤其如此。」這項協議對臺灣有深遠的影響，而蔡英文積極關注這項涉及法律、政治和商業的議題，因為這是她三十年來關心的主題。要不要與中國建立更密切的經濟交流成了輿論熱議的焦點，也提供了反對黨論述材料。對於這樣的局勢，蔡英文看得一清二楚。

到了二〇一〇年十二月，民進黨黨主席蔡英文決定在地方選舉中試水溫。她來到了新北市，準備在這座環繞臺灣首都的新直轄市競選市長，但最終敗給了國民黨的候選人。姚人多對此很不滿：「這是個錯誤的決定。她對新北市根本不熟，基本上一無所知。其實她本來應該是想選臺北市長，卻得禮讓給突然跳進來的前行政院長蘇貞昌。蔡英文在政治路上太天真，有時可以說是笨。」不過多虧支持者相挺，蔡英文只以十一萬票之差輸給了國民黨的重量級人物朱立倫。

另一場更關鍵的選戰，也就是二〇一二年的總統大選來了。蔡英文於二〇一一年三月宣布參選，而一項針對一萬五千名選民進行的電話民調顯示，蔡英文很有機會擊敗尋求連任的馬英九。馬英九在競選時強調「兩岸和平」、「外交休兵」以及「和平紅利」，並且與北京簽訂了多項雙邊協議。至於蔡英文則在競選期間拋出「臺灣共識」，強調主權和民主，並批評馬英九簽署的和平協議可能會危害臺灣的安全。蔡英文特別聚焦在經濟問題上，而不是身分認同問題。臺大政治系教授吳玉山在二〇一三年分析當年的選情：「蔡英文認為，支持民進黨的選民無論如何都會投給她，而對馬英九政策不滿的選民，會因為民進黨對社會經濟議題的新立場而支持她。」

在長達八個半月的總統競選活動期間，蔡英文對競選團隊的要求很嚴，特別是小細節。一位民進黨發言人在二〇一二年一月《台北時報》（*Taipei Times*）的專欄文章中說：「我們在外面移動時，如果她發現車隊排列不整齊，就會要求大家停下來把隊伍排好。在上臺前，她會檢視自己要提出的承諾，『我們必須保證這些承諾是可以實現的。』」

然而，這個策略奏效的範圍有限。二〇一一年九月十五日，當蔡英文準備在美國展開為期十天的訪問，《金融時報》（*Financial Times*）卻發表了一篇對她的競選活動不利的文章。該文強調臺海和平對美國至關重要，並對蔡英文是否適任提出質疑。文中引述一位「美國高級官員」的話：「我們認真懷疑，她是否真的願意也有能力維持近幾年來兩岸的穩定和平。」難道白宮和美國國務院之間出現了意見分歧甚至爭執？無論如何，這篇文章重挫了蔡英文和民進黨的可信度。而在選舉前夕，歐巴馬政府決定將臺灣納入免簽國家名單，似乎有意支持馬英九連任，並且認可他的休兵政策。

二〇一二年一月十四日的總統大選，蔡英文敗北，馬英九成功連任，國民黨在立法院中持續過半。根據賴怡忠的分析，「我們從一開始就處於劣勢，國民黨的基本盤很穩。」二〇〇〇年起，由於陳水扁政府的種種問題，選民對民進黨的執政能力抱持懷疑態度。而蔡英文第一次競選總統的組織調度也欠佳，總的來說，她還沒抓到訣竅。

一月十四日當晚，選舉結果揭曉，臺北城裡交織著雨水和淚水。蔡英文對支持者發表了一場遠比過去熱情真摯且激勵人心的演講，民進黨看起來與其說是敗選，更像是準備重新出發。姚人多回憶當年：「那天蔡英文太忙，連我寫的稿子都來不及重看就上臺演講了。」這場演講打動了在場的每一個人，鏡頭頻頻捕捉到支持者流淚的畫面。蔡英文眼鏡上沾滿雨水，她告訴大家：「今天，我們一定要比誰都堅強。我要請大家回想一下，四年前，我們曾經是這麼的絕望。」她接著稱讚民進黨的改革，並堅定地為弱勢群體發聲。談到未來時，她說：「今天晚上，你可以哭泣，但不要洩氣。你可以悲傷，但是不要放棄。因為明天起來，我們要像過去四年一樣的勇敢。」「這個國家，都需要我們繼續愛她、呵護她。有一天，我們會再回來，我們不會放棄。」「我的心會永遠跟臺灣人民站在一起。」《台北時報》的記者注意到，她是當晚唯一面帶微笑的人，感覺已經和大家約好二〇一六年大選見了。

6

二〇一六年一月那一晚

二〇一六年一月十六日當晚，臺北的空氣清新、充滿生氣，四處洋溢著勝利的喜悅和慶典氛圍。來到北平東路的民進黨總部，藍色玻璃和灰色混凝土外牆上掛著「點亮臺灣」的明亮看板，彷彿在邀請大家一起點亮臺灣。兩小時後，總統大選的結果即將揭曉，蔡英文是這次大選最熱門的人選，而民進黨有望強勢回歸立法院。

民進黨總部前的柏油路上，矗立著搭設螢幕、喇叭和投影機的大舞臺。來到中央藝文公園的草坪，成千上萬人聚集在帳篷、攤位、流動攤車和橫布條之間，人人都在等待大選的結果。公園裡可以看到反核人士、環保團體成員、穿著綠帽和螢光背心的支持者，也不乏全家大小、情侶、退休人士、幾位原住民代表和成群的朋友，甚至有許多高中生和大學生，大家都非常關心臺灣第六次的總統直選。

透過這些景象，可以看見臺灣社會過去二十多年來的變遷。學者史大福（Stefano Pelaggi）在著作《懸浮島》（*L'isola sospesa*，暫譯）中提到，從一九九〇年代李登輝總統時期開始，臺灣人開始重新探索和塑造自己的多元身分，這是個不可逆的過程。面對中國的統一大計，以及讓臺灣經濟依賴對岸的企圖，臺灣人開始和中國保持距離，也因此開始挑戰國民黨的意識形態和文化統治，同時捍衛臺灣的主權和獨特性。在民主環境中成長的新一代，開始反思自己的歷史和過往的不公不義，質疑領導者的經濟和政治決策，為原住民權益、氣候、性別平權、環境污染或醫療疏失等議題發聲。史大福總結道：「儒家傳統中的道德及物質追求，似乎不再是唯一焦點了。」毫無疑問，臺灣已經步入了新時代。

自二〇一〇年代初期，臺灣社會出現各式動員和強烈抗爭，訴求不僅針對中國，也針對馬英九政府的施政。二〇一四年春天爆發的太陽花學運是一連串抗議活動的高潮，這場運動持續了一個月，讓臺灣的政治陷入癱瘓，數十萬人走上街頭，在全臺引發延續多年的大規模影響。

這場運動的起點，可以追溯到六年前的「野草莓運動」。二〇〇八年，不滿被上一代稱為「草莓族」的幾百名年輕人，試圖翻轉這個詞彙的定義，這個詞原本是用來嘲笑被寵壞、不努力工作、抗壓性低的年輕人。但年輕人並非只追求物質、缺乏理想和立場的一群，當中國代表陳雲林訪臺時，許多學生紛紛站出來表示抗議。他們在立法院前展開一個月的靜坐抗議，也激起了全臺一系列的抗爭活動。

野草莓運動規模不大，但向臺灣的年輕人傳遞了一個重要訊息：年輕人有能力參與政治，並為自己的信念發聲，而且不需要加入任何政黨或組織、不需要有政治經驗，也不必得到父母的同意。這場運動啟發了許多臺灣年輕人，在接下來幾年裡，也對泰國、緬甸、韓國和香港的成千上萬人產生了影響。

臺灣的野草莓運動催生了太陽花運動。從二〇一〇年起，許多臺灣民眾和在野黨人士強烈反對臺灣與中國簽署的ECFA。到了二〇一三年，討論焦點轉向服務業自由化，包括銀行、醫療、旅遊、電影、電信和出版等行業都在影響範圍內。太陽花運動批評政府對中國讓步太多，尤其強烈反對馬政府以不民主的方式批准了ECFA。二〇一四年三月十八日到四月十日，學生們佔領並封鎖了立法院，引發了一波波社會震盪。

這場運動不但規模龐大，也前所未有。二〇一四年三月三十日，超過五十萬人走上臺北街頭，蔡英文也在其中。二〇一四年也和學生站在一起的姚人多回憶道：「二〇一二年敗選後，蔡英文辭去了黨主席職務，因此在民眾眼中，她已經不是和民進黨高層或傳統政治綁在一起的人物了。這對她來說是好事，因為社運人士對傳統政黨已經失去信心，甚至認為這些政黨太過時又一味討好，已經與民眾脫節了。太陽花運動徹底撼動了整個政治圈，當時沒擔任一官半職的蔡英文，成了大家寄託希望的對象。她真的很好運。如果不考慮運氣因素，很難解釋她在政治路上為何能走這麼遠，還能半途回歸。」

二〇一五年十一月七日舉行的馬習會，是否替蔡英文成為總統打下了關鍵基礎？當天，在新加坡這個中立之地，臺灣總統馬英九與中國領導人習近平進行了會晤，新加坡當局則扮演協調者的角色。習近平以中國共產黨總書記身分參加，與中國官媒慣稱的「臺灣地區領導人」馬英九對談。在會議中，兩位領導人彼此互稱「先生」。

這是個歷史時刻，兩岸從未舉行過這個層級的會晤。習近平以激昂的語調強調這一刻的重要：「我們是一家人，沒有任何力量能把我們分開，因為我們是打斷骨頭連著筋的同胞兄弟，是血濃於水的一家人。」對於翻開兩岸關係新頁的

「特別日子」，習近平不但大談特談，甚至恣意抛出「定海神針」、「和平發展之舟」等浮誇言詞。

馬英九給出了回應：「我們初次會面，卻有一見如故的感覺。在我們背後的，是兩岸分隔超過一甲子的歷史。在我們眼前的，是以和解替代衝突的成果。此時此刻，海峽兩岸正大聲宣示鞏固臺海和平的決心。」馬英九還提出了一連串強化兩岸關係的建議，包括以九二共識作為兩岸關係的基礎，擴大交流以促進互利雙贏，並設置兩岸熱線處理緊急問題。

雖然這些建議獲得了商界的支持，但許多人卻認為這是背叛行為。臺灣的在野黨和大眾紛紛批評馬英九將臺灣賣給了習近平，而蔡英文則斥責馬英九企圖操弄選舉。

新加坡馬習會雖然沒有進一步發展，卻對民眾的情緒和選情帶來了顯著影響，對此，蔡英文心知肚明。二〇一六年一月十五日晚上，她站在充滿戰略意義和象徵性的凱達格蘭大道上，對著大批群眾發表演說，進行選戰最後衝刺。她回顧了過去幾年的抗爭活動，包括太陽花運動、和全臺對「新政治文化」的覺醒；

「新政治文化」是臺北市長柯文哲的說法，他在二〇一四年憑藉社群媒體和年輕人的支持當選市長。身為新政治的一部分，蔡英文接著說：「我身後的總統府，離我們只有幾百公尺的距離。不過，總統府裡面的人就是聽不到人民的聲音。」

隔天，選民聽見了蔡英文的聲音。她以百分之五十六點一二的得票率、領先三百多萬票的優勢擊敗了國民黨候選人朱立倫，成功當選總統，國民黨最初的候選人還因為立場過於親中、支持度低，因此在前一年十月被替換。在立法院選舉中，國民黨也敗給了民進黨。民進黨在一百一十三席立委中獲得六十八席，取得立法院絕對多數。蔡英文能打贏選戰，可說是得益於太陽花運動和臺灣民眾。雖然一部分意見領袖和民進黨分道揚鑣，自行創立了時代力量黨，但公民的積極參與最終將蔡英文推向總統寶座，讓國民黨成了在野黨。臺灣社會正逐步轉型，而訴諸國族主義的國民黨不但內部分裂又失信於民，立場也過於親中，已經與求新求變的局勢脫節了。

一月十六日那天，北平東路的民進黨總部外洋溢著喜悅和笑容。無論是綠營的支持者、對國民黨失望的選民，或是野草莓和太陽花學運的參與者，大家都享受著首次勝利的這一刻。臺北當晚的天氣涼爽多雲，我遇見了三位二十來歲的年輕朋友，他們看上去神采飛揚，手中握著首波開票結果公布後印行的《蘋果日報》特刊，自從二〇一二年敗選以來，他們已經期盼這一刻四年多了。當年的失利，為這次歷史性的勝利埋下了伏筆。

自一九一二年國民黨建立中華民國以來，蔡英文是首位出身臺灣、領導兩千三百萬人民的女總統。與緬甸的翁山蘇姬、南韓的朴槿惠、印度的桑妮雅·甘地（Sonia Gandhi）或是美國的希拉蕊·柯林頓（Hillary Clinton）不同，蔡英文不是某位知名政治人物的女兒、寡婦或妻子。事實上，她從未立下當總統的大志。選舉前幾個月，她還對一群女性分享說：「我從小到大，從來沒有想過要做總統這件事情。」

暱稱「小英」的蔡英文成了華語世界唯一民主國家的首位女總統，而且這是發生在深受儒家思想影響、父權中心的保守社會中。回顧歷史上的女領導者，首先是十九世紀清朝的慈禧太后，接著是六世紀末周朝的武則天女皇。而蔡英文還不到六十歲，就當上了臺灣總統。駐法國臺灣文化中心主任兼作家胡晴舫表示：

「她會當選真讓人吃驚，她是被低估的女性。但是要把這個職位做好需要足夠的意志力，而且不能理會挑釁、說話做事不能衝動、不能冒險。她很無趣，有夠無趣，一點魅力也沒有，是個無我的人。她或許是因為具備這種特質，才能管理國家大事。」

總統大選勝利日前幾天，我遇見了漢學家兼臺灣專家高敬文，他是這樣評價蔡英文的：「蔡英文是靠自己的專業和勤奮登頂的。我認識她的時候，她還是負責中國事務的副閣揆。她給人的感覺很像一位低調的修女，但又像是個長跑運動員。她獲得的聲望和地位已經超越了民進黨的前輩們。」

一月十六日當晚，小英在舞臺上出現，被競選團隊圍繞的她準備向國際社會發表演說。她帶著禮貌性的微笑、內斂的喜悅，對臺下數百名臺灣民眾宣布「新時代已經開始」，並承諾踏上「改革的第一哩路」。經歷漫長的選戰後，她用疲倦的聲音說道：「我們會努力維持現狀，讓臺海維持和平和穩定，為臺灣人民帶來最大的福祉，這是大家共同的期待。」遠景基金會執行長賴怡忠回憶道：「她需要向國際友人和東亞鄰國保證不挑釁任何人，和她從來不支持的臺獨議題保持距離。」接著，她又意外地為一位年輕臺灣女歌手周子瑜抱屈。這位隸屬南韓團體的藝人在電視上拿出臺灣國旗，觸怒了中國國族主義者，在網路上遭到嚴厲批評，最後被迫在影片中道歉。「這件事將會永遠提醒我，團結這個國家、壯大這個國家，並且一致對外，是我做為下一任中華民國總統最重要的責任。」蔡英文說。

7 非典型政治人物

這是臺灣第一次選出女總統，不靠特權或裙帶關係，也不靠世襲。蔡英文和偶像柴契爾夫人有點類似，不過她身邊的人認為，蔡英文和德國的梅克爾（Angela Merkel）更接近，可能是因為梅克爾是當代人，而且廣受大家認可。蔡英文和梅克爾有許多共通點：她們身處同時代，同樣經歷過專制和獨裁，也都有學院背景，做事認真勤奮。兩人不管走到哪，總是一襲樸素西裝外套配長褲，維持規矩而極簡的穿衣風格。此外，兩位領袖都具備專業談吐和務實的工作態度。剛上任時，她們感覺沒什麼個人魅力，但時間久了，缺乏魅力反而成了一種個人風格和執政方式。

法國參議院副議長、也是喬斯班（Lionel Jospin）總理時期的國防部長亞蘭・李察（Alain Richard）給了蔡英文以下的評價：「她不是熱情奔放的人。她一向謹慎自律，不愛開玩笑，也不太會給你拍肩打氣。從這個角度來看，她比較像梅克爾。她擔任總統兩年後，就培養出自然流露的威嚴，以及平和的氣質。」一和臺灣交情頗深的李察，最近一次訪臺是二〇二三年五月，他先前已經以法國瓦茲河谷省（Val d'Oise）參議員的身分四度訪臺。為了表揚李察對臺法關係的貢獻，蔡英文總統還授予他特種大綬卿雲勳章，這款珍貴的尊榮勳章通常只頒給國家領導人或議會主席。李察表示：「在巨大壓力下，她的治國風格平和如一，堅持捍衛各式各樣的權利，時時留意各國何時願意承認臺灣。正因如此，她上任後不斷在總統府接見各國國會議員訪團。」對只被梵諦岡等十三個小國家承認的臺灣而言，議會外交是提升國際存在感的關鍵手段[8]，既然難以促成總統級和部長級會晤，不妨透過議會外交和他國來往。蔡英文上任後就努力推動議會外交，這套策略別具象徵意義，還讓臺灣顯得獨一無二。

二〇二三年五月的某個午後，我與熟識蔡英文的王定宇會面，王定宇今年五十四歲，是民進黨資深黨員，也是在臺南地區深耕已久的國會老鳥。身材魁梧、梳著油頭的他，當天下午穿著淡藍色襯衫和深色領帶，在明亮的辦公室裡接待我，裡頭擺了幾十頂軍團帽和軍艦帽。王定宇相當熱衷國防和國際關係議題，隨

8 編註：議會外交包含了國家之間國會成員的互動參訪，以及民間的技術、文化、產業合作等交流；此外，由各國議會或區域性國際組織、NGO 組成的聯盟或多邊機制，以處理複雜的國際政治或跨國議題，近年來也越顯重要。

著民進黨二〇一六年一月取得立法院絕對多數，他成了立法委員。他回顧蔡英文兩任任期時直言不諱：「蔡英文是獨一無二的總統，她上任之後，我感覺新的時代來了，她總是讓人覺得耳目一新。以前的總統話很多、說話大聲，常講臺語，但她的聲音輕柔，話不多，也不常講臺語。有時候她的演講偏無聊，她不喜歡說空話討人民歡心，她習慣把話說得很精準。這樣做可能無法有效吸引群眾，但她的作風始終如一。後來，她反而以平和的風格在政壇中站穩腳步，跌破了大家的眼鏡。我個人覺得，即使是習近平，要應對蔡英文也不是件易事。」

民進黨另一位重要成員、立法委員羅致政至今仍對蔡英文的風格嘖嘖稱奇。這位深諳黨內機密的政治學專家表示：「看到她安安穩穩當著總統，我們覺得真是奇妙。她是臺灣第一位女總統，和前幾任總統天差地遠，除了因為她的性別，她的好奇心和冷靜更讓她顯得獨一無二。」擔任民進黨性別平等事務部主任的李晏榕律師說：「蔡英文帶出的新風格吸引了很多年輕人。她常常用社群媒體和大眾溝通，很熟悉抖音、臉書、Line、Instagram等平台的特性。二〇一六年以來，從政的方式改變非常多，很大程度要歸功於這位坐上大位的女性。」

不過臺灣第一位女總統的形象，似乎離女性主義者有點距離。她的首任內閣中，女性成員僅佔了百分之十，因此遭到性平團體嚴厲批評。蔡英文在當選後兩個月承諾推動性平，企圖打破「只有男性能治國」的刻板印象，但進展十分有限。蔡英文的前顧問和前文膽姚人多指出：「蔡英文在進步政黨內偏保守，她不是女性主義者。」李晏榕坐在俯瞰中正紀念堂的辦公室裡，附和著姚人多的想法：「蔡英文在性平上沒有發揮功能。很多臺灣人喜歡講現在是女人當總統，但蔡英文在八年任期內，對於改善低生育率、增設托兒設施和協助母親育兒方面著力並不多，這是她的執政缺失。她沒打女性主義者這張牌。」

可惜蔡英文沒打這張牌。身在長期由男性主導、深受儒家文化影響的保守父權社會裡，未婚也沒生小孩的蔡英文經常遭到性別歧視和厭女言論攻擊。S女士曾在蔡英文的新聞宣傳團隊工作六年，她表示：「在她當上總統之前，已經有政治人物發表了讓人非常氣結的言論。有人說穿裙子的不能當三軍統帥，或者說她沒生過小孩，不懂父母的心……類似的評論一直都有。」

蔡英文在總統任內前幾年，被中國領導人和媒體猛烈砲轟，不但被貼「極端分子」標籤，又因為未婚被說「情緒化」，還被認為是個無愛、無家、無子女的「激進分子」。二〇一二年大選期間，某位民進黨前主席要求她公開性傾向，但她不予回應。自從蔡英文二〇〇〇年成為陸委會主委以來，關於她是同性戀的謠言就甚囂塵上。

二〇一二年，蔡英文在個人臉書頁面上回應各種負面的性別歧視言論：「在傳統社會中，女性沒結婚或許會被認為人生不圓滿，但在現代社會，婚姻能提供的，在沒有婚姻的情況下依然可以得到。不是嗎？」八年後，面對似乎永無止境的性別歧視，蔡英文再次在社群媒體上譴責這種「不應該被接受的政治文化」。當時，關於她是同性戀的假新聞四處流傳，尤其在她推動同性婚姻合法化後，有人指控她破壞傳統家庭觀，帶壞小孩的想法。她幾乎沒有對外公開個人私生活和感情世界，但這些話題再次成了公眾關注的焦點。說到底，她是政界的非典型人物，也是習慣緘默、容易被誤解的人物，甚至是個謎樣人物。

無庸置疑，蔡英文身為全心投入工作的未婚女性，還養了想想和阿才兩隻貓作伴，這些設定打破了政治常態。她樂於分享關於貓咪的最新消息，報告自己怎麼和貓玩。尤其當她收養了三隻導盲犬Maru、Bella和Bunny，粉絲和記者都好奇貓咪的反應，而蔡英文也會一一回覆大家的問題。這種前所未有的互動方式吸引了許多人追蹤，大家都喜歡這種亞洲清新可愛的風格。但一想到這樣與民眾溝通的，竟然是位認真勤奮、自認「內向」卻疼愛寵物的國家元首，不禁讓人困惑又嘖嘖稱奇。

姚人多回憶，這幾年民進黨內外吹起崇拜蔡英文的風潮，喜歡她「內向又奇特」的形象。從二〇〇七年到二〇〇八年，蔡英文救活了瀕死的民進黨，因此被視為民進黨的救星。姚人多分享了一段往事：「還記得二〇一六年某次臺南南區的地方活動，蔡英文硬是用蹩腳的臺語發言。到了提問時間，一位似乎是來自國外的記者用英語提問，蔡英文就用流利的牛津腔英語回答，內容有條有理。當地民眾聽不懂她在說什麼，但她一講完，全場支持者都熱烈鼓掌，為這位應答自如的領袖感到自豪。即便一路上困難重重，民調也下滑，她的支持率依然很高。」

在休閒娛樂方面，蔡英文身邊的人形容她是低調的享樂主義者：她喜歡紅酒，在總統官邸獨處時會讀小說。立法委員王定宇半開玩笑說：「我知道她很期待卸任之後，就能去做維安人員不准她做的事，像是開車，而且是開快車。她喜歡英國製的Range Rover。」當上總統之前，蔡英文喜歡開車去參加黨內會議，但當總統之後就不能再隨意駕車出遊了。自從日本首相安倍晉三遇刺身亡，加上臺海局勢日益緊張，蔡英文的維安等級也跟著拉高。「但維安允許她在總統府內院開車。」王定宇笑著說，「她還想出門買喜歡吃的泡麵，但這次換醫生阻止她吃泡麵了。」

對身邊的人來說，蔡英文是一位「像修女的總統，身邊都是愛喝酒的男人」，不過曾經與她密切往來的人則認為她「很風趣、反應又快」。一位西方大使回想起和蔡英文相處的經驗：「有次非正式會議，在場有十幾位外交人員和企業領袖，蔡英文主動和這些來賓交流，談話詼諧幽默，吸引了所有人的目光。這跟她的公共形象天差地遠，真是不可思議。」一位不願意具名的親信說蔡英文「很幽默、談笑風生、喜歡喝酒，但一開始工作就進入嚴肅模式」，這位親信表示不想「觸怒總統」，所以選擇匿名。

前文膽姚人多說，印象中蔡英文隨時隨地都在工作，身邊永遠都圍著顧問和親友。同樣忙碌的立法委員羅致政這樣描述：「她是晚睡早起的工作狂，又有學者性格，喜歡在飯桌上和專家、技術人員討論政策和改革計畫。總的來說，她喜歡的是政策不是政治。」他回想制定政策和施政會議的情況：「當時準備要推動政策，和各個領袖和各國會小組協商，其中包括在野黨成員。蔡英文轉頭對一位顧問說：『給你處理好嗎？』」中央通訊社的一位高層相當認同這段敘述：「大家要記得，蔡英文是務實的官員，對政治討論和與政黨協商並不熱衷。」當天在大學教社會學的姚人多回憶道：「蔡英文外表看似冷靜，眼神卻充滿憂慮。臺灣總統真的很難當，需要很強的抗壓性，不能挑起爭端，也不能回應挑釁。」

總統府內負責宣傳的C女士提到，蔡英文一開始「很怕做決定」。她記得在蔡英文任期之初，「人們對改革抱持很大的期待」，而且「任期第一年的節奏緊湊得要命，不單是民進黨的支持者，所有人都期待立刻看到改變。」立法委員羅致政回想當年：「蔡英文有意改革，但施政的時候卻謹小慎微。」一位前駐臺北大使表示：「蔡英文不是那種愛冒險、衝動行事的人，她更偏好尋求共識。」姚人多則說：「問題發生的時候，蔡英文習慣召集小組，跟大家說『我們花點時間思考一下』。但要是給對手太多時間，可能就會被對方見縫插針。蔡英文的大問題是，她想努力討好所有人，企圖平衡不同的意見。可惜在政治領域，這件事通常無法成真。」

接下來，蔡英文面臨了諸多考驗。雖然民進黨在立法院擁有絕對多數，理應有空間踏出「改革的第一哩路」，但臺灣正面臨經濟成長減緩、住房危機、購買力下降及人口快速老化等結構性問題，替蔡英文布下重重難關。馬英九任期結束前，許多人已經怨聲載道，中產階級疲憊不堪，年輕人只能把希望寄託給未來。他們的心聲，蔡英文聽見了。在二〇一六年五月二十日的就職演說中，蔡英文特別提到這兩群人，並將年金改革列為首要任務。她直言「我們的年金制度如果不改，就會破產」，呼籲各個世代團結一心，一同參與公共事務討論。這波改革投下了震撼彈，首當其衝的是超過四十五萬名退休公務員和軍人。接下來十年，蔡英文打算逐步提高法定公務員退休年齡至六十五歲，預計二〇二六年達標。此外，政府也會增加社會保險金、刪減退休金、降低退休金定存利率，民進黨和蔡英文政府認為這是避免年金系統破產的唯一出路，而且堅稱改革後年金系統就能符合國際標準。改革衝擊的範圍太大，老年人和軍人是最受影響的族群，其中有許多人都支持國民黨。雖然政府宣稱改革絕非政治報復，但反彈聲浪並未因此平息。另一波抗爭則源於勞動改革，因為政府取消了假日、規範加班時間、要求中小企業遵守更嚴格的工時規範，但這樣做卻可能導致物價上漲，波及消費者。於是，退休人士、教師、公務員、勞工團體、工人、服務業人士紛紛走上街頭、佔領要道，並集結在總統府和全國不分大小的地區抗議。

「我們每天都像在做噩夢，」C女士回想當年，「不管走到臺北哪個地方，隨時都可能碰到抗議活動，民眾對我們非常不滿。蔡總統從官員的角度思考，覺得只要花時間和民眾溝通，最後大家就會接受改革的事實。可惜她期待的團結始終沒發生。」

蔡英文在二〇二〇年五月就職時宣布，她希望成為一位能解決問題的總統，並在任期內持續推動改革。原住民議題是她心頭的另一項重要議題。身為臺灣首位有原住民血統的總統，她在二〇一六年八月一日原住民日這天，對原住民族「過去四百年來承受的苦痛和不公平待遇」正式向這些人致上「最深的歉意」，同時回顧了漢人殖民以及一八九五年至一九四五年間日本帝國對臺灣原住民族的影響。這是亞洲首次有政府為此道歉，象徵了臺灣開始進行轉型正義，認真檢視威權政府迫害人民的歷史。

在平權方面，蔡英文政府推動了同性婚姻合法化。在總統大選前，民進黨已經獲得公民社會和部分地方政府強烈支持，並在二〇一五年競選活動中主打婚姻平權。姚人多回憶，「蔡英文不是很支持這項法案，因為她習慣討好所有人，尋求平衡，擔心法案一通過會惹到不關心婚姻平權的保守人士。經過一番勸說，她才願意替法案背書。」法案經過冗長的立法、釋憲及政治程序，終於在二〇一九年五月二十四日正式生效，讓臺灣再次成為亞洲第一。到了今天，臺灣各界依然對這項法案讚不絕口，認為這是臺灣民主蓬勃發展、已臻成熟的象徵。

曾經是商業談判和經濟專家的蔡英文，並沒有忘記自己的老本行。她推動了野心勃勃的「五加二產業創新計畫」，重點關注物聯網（又稱亞洲・矽谷計畫）、生醫、綠能、國防等產業，後來又推出「新農業」和「循環經濟」方案，最終更涵蓋數位經濟和文化創新，甚至包括半導體和晶片設計。一位外交官認為這項計畫非常成功：「蔡英文具備國際視野，懷抱改善臺灣的計畫，讓臺灣經濟體從代工出口導向轉為創新導向。」

同時，蔡英文推動了新南向政策，目標是減少臺灣對中國大陸的經濟依賴，並將焦點轉向印太地區其他國家。隨著臺海關係日益緊張，新南向政策變得越來越重要。經濟部長王美花在二〇二三年六月訪問巴黎時向《解放報》（*Libération*）表示：「臺灣企業開始將部分的中國生產線轉移到東南亞，到了二〇二二年，臺灣對東南亞的投資首次超過了對中國大陸的投資，這是前所未有的局面。臺灣與東南亞的雙邊貿易額在二〇一六年是九百六十四億美元，去年已經已經來到了一千八百億美元。」

與陳水扁相比，蔡英文在上任時已經擁有豐富的行政經驗、專業知識和國際視野。美國頂尖的臺灣問題專家卜睿哲（Richard C. Bush）在其著作《蔡英文時代的臺灣》（*Taiwan in the Era of Tsai Ing-wen*，暫譯）中提到，蔡英文曾在多個政府部門和陸委會擔任要職，讓她深知「在多個政策領域維持高效率的重要性」，而且「每位臺灣總統都必須在國內政策、內政、對中關係以及對美關係這四大領域中靈活應對，每個領域都有獨特的規則和戰略思維，但又相互依存」。蔡英文需要在這些複雜的環境中尋找平衡，第一步就是處理對中關係。

8 中國助攻蔡英文連任

二〇一九年一月二日，習近平發表了歷史性的對臺談話，即使兩岸關係一向緊張，更不乏衝突，中國國家主席這番對臺談話仍讓臺灣人內心警鈴大作。這天，習近平來到北京人民大會堂，紀念全國人民代表大會對臺發言四十周年，並發表了長篇演說，聲明：「祖國必須統一，也必然統一。這是七十載兩岸關係發展歷程的歷史定論，也是新時代中華民族偉大復興的必然要求。」

習近平提了很多次「統一」，不過這個詞其實不精準，因為中華人民共和國從未統治過臺灣。習近平希望以「和平」的方式實現統一，並採取鄧小平針對香港提出的「一國兩制」方案。接著，他強調「中國人不打中國人」，但隨即警告「我們不承諾放棄使用武力，保留採取一切必要措施的選項，針對的是外部勢力干涉和極少數『臺獨』分裂分子及其分裂活動，絕非針對臺灣同胞」，劍指美國及臺獨人士。他又表示「中國人的事要由中國人來決定」，最後強調「臺灣問題是中國的內政，事關中國核心利益」。習近平提到了曖昧不明的「廣泛深入的民主協商」，但有鑑於中共創黨以來的民主紀錄，這種說詞令人莞爾。

習近平沒有設定明確的統一時程，但他在二〇一三年提到，臺灣問題「不能一代一代傳下去」。看得出來，他希望在二〇四九年中華人民共和國成立一百周年之前，親自解決這個問題。

在四十周年談話中，習近平提出要進一步推動「兩岸經濟合作制度化，打造兩岸共同市場」，並「提升經貿合作暢通、基礎設施聯通、能源資源互通、行業標準共通」。這是習近平對臺灣人民的承諾，期待在共產黨的領導下，兩岸能共同邁向美好的未來。

這次發言的內容雖然毫無新意，不過語氣之強烈，又在極正式的場合發表，甚至正值中美建交四十周年，著實令人震撼。習近平的語氣尤其讓人不自在，因為他完全無視臺灣的身分認同、歷史和主權。漢學家凱瑞・布朗（Kerry Brown）和吳姿惠（Kalley Wu Tzu-hui，中文名暫譯）在《臺灣的難題》（*The Trouble with Taiwan*，暫譯）一書中寫道：「當臺灣島被視為內部問題，就代表外界無法干涉，從而製造孤立效果。」習近平的言論顯示，中國政府已經不再嘗試說服，而是直接對臺施壓。

針對習近平的發言，臺灣馬上就應變了。蔡英文的回應又快又明確，讓自二〇一六年起持續惡化的兩岸關係出現新轉折。她在習近平演講後幾小時立刻發表談話，重申一項原則及「四個必須」，延續她十幾年來一貫的立場。蔡英文表示：「首先，我必須要鄭重指出，我們始終未接受『九二共識』。」她提到一九九二年兩岸的共識是「一個中國，各自表述」，即雙方同意彼此能各自解讀「一個中國」。蔡英文進一步解釋，臺灣不接受九二共識的「根本原因就是北京當局所定義的『九二共識』，其實就是『一個中國』、『一國兩制』」。「一國兩制」是鄧小平在一九八三年與柴契爾夫人討論香港回歸時提出的方案，他承諾「社會主義制度不會在香港特別行政區實行，香港本身的資本主義制度和生活方式維持五十年不變」，時間從一九九七年七月一日起算。此後，北京一直試圖架空聲明內涵。

蔡英文堅定地表示：「我要重申，臺灣絕不會接受『一國兩制』，絕大多數臺灣民意也堅決反對。」假使未來臺灣形成共識，內容會是反對被中國統一。

蔡英文以願意和談的態度表示：「我們願意坐下來談。中國必須正視中華民國臺灣存在的事實，而不是否定臺灣人民共同建立的民主國家體制。」這是她提的第一個必須。她接著提了其他三個必須：中國「必須尊重兩千三百萬人民對自由民主的堅持，而不是以分化、利誘的方式，介入臺灣人民的選擇」、「第三，必須以和平對等的方式來處理雙方之間的歧異，而不是用打壓、威嚇，企圖讓臺灣人屈服」、「第四，必須是政府或政府所授權的公權力機構，坐下來談，任何沒有經過人民授權、監督的政治協商，都不能稱做是『民主協商』」。

蔡英文的發言讓她再次成為政治焦點，她展現了審慎護國、抵禦外侮的形象，意外獲得不少支持。在過去幾個月，蔡英文因為年金改革、勞權改革和能源政策引發排山倒海的爭議，支持度一度大跌，二〇一八年十一月的地方選舉最終成了對蔡政府的不信任投票。選舉失利後，蔡英文辭去民進黨主席職務，面對群起的抗議和批評聲浪，她變得更加孤立和封閉。

中國對藍營擊敗綠營非常滿意，認為蔡英文執政的日子不多了，親中政黨國民黨即將重新執政。不過中國打錯了如意算盤，因為習近平二〇一九年初對「臺灣同胞」發表的言論，意外幫了蔡英文的政治生涯一把，讓小英總統的運勢由黑翻紅。她在社群媒體被封為「辣臺妹」，呼應了她抗中的堅定立場。蔡英文先是在臉書上表示「我不會妥協」，後來又創了「辣臺派」這個詞，做為捍衛臺灣的口號。

蔡英文對中國提出的四個必須，加上她最後呼籲中國「勇敢踏出民主的腳步」，明確展現了兩岸立場的根本差異。自從二〇一六年蔡英文當選以來，中國和臺灣的高層聯繫已經中斷了。對北京而言，蔡英文政府和民進黨是準備發動獨立的「分裂分子」（這是以前中共給達賴喇嘛貼的專屬標籤）、「麻煩製造者」、「分離主義者」。不過，雖然民進黨長期以來支持獨立，卻從未真正採取行動，因為這麼做等於向中國宣戰，無異於自殺。蔡英文的前顧問姚人多說：「每次我想在她的講稿裡加入更堅定的主張，她都會一口回絕，跟我說『不要激怒中國大陸』。即使在當上總統之前，她都沒真正支持過獨立。」

蔡英文說出了多數臺灣民眾的心聲。政治大學的民意調查顯示，超過百分之八十二的臺灣人支持永遠或暫時維持現狀，只有百分之四點六的人希望儘快獨立。臺灣擁有自己的貨幣、外交和國防，實質上已經獨立了，而政黨輪替不僅加強了臺灣身為民主國家的代表性，也讓大家更想維持現狀。研究兩岸關係三十年的漢學家高格孚（Stéphane Corcuff）指出：「臺灣的國家認同正在建立，不需要納入中國，而且臺灣人對中國共產黨很不滿，對中國在外交上施壓很不滿，臺灣獨立的最大推手就是中國。」

當臺灣人目睹中共如何對待香港，對於習近平的統一計畫又更加排斥。二〇一四年，臺灣密切關注為了爭取真普選的香港雨傘革命。二〇一五年到二〇一六年，香港書商和編輯林榮基遭綁架和逮捕的事件，也讓臺灣人心生不安。二〇一九年，當香港民眾大力反對特首林鄭月娥的引渡中國法案，臺灣人也齊聲附和，因為該法案剝奪了人身自由。從六月起，數十萬香港人走上街頭抗議這項法案。

臺灣持續響應香港的抗爭活動，有時還成為被中國追捕的異議人士和政治難民的避風港。從夏天開始，香港的示威行動愈發激烈；到了秋天，臺灣與香港的民主運動幾乎同步，在臺灣新聞頻道和社群媒體上，不時輪播香港示威者在地鐵被親中武裝人士和幫派鎮壓、追捕的畫面。這回輪到臺灣人站出來了。九月底某個星期天，超過十萬名臺灣人頂著傾盆大雨，在室外集會聲援香港。此外，臺灣人也籌辦募款、蒐集醫療包、儲存頭盔和防毒面具，這正是立法院旁的紅磚建築、濟南基督長老教會在做的事。帶領該教會的是黃春生牧師，忙碌的他甚至被指控藉機傳教。對此他莞爾一笑：「這跟宗教無關。香港是對抗中國政權的前線，也是最後的防線。一旦這條防線被突破，就輪到臺灣的民主和中國正面交鋒了。」

二〇一九年秋天，我在臺北進行了一連串對談、午餐會和訪談，我不斷聽見「今日香港，明日臺灣」這句話。二〇二二年，當普丁在二月二十四日對烏克蘭發動「特殊軍事行動」，大家又重新提起了這句話。與此同時，香港的未來已被北京決定了。

更早之前，林榮基已經嗅到了危機。六十歲的他身高削瘦、戴著細框眼鏡、頭髮灰白，在二〇一六年六月引發了各界關注。這位香港書商召開了一場轟動的記者會，揭露自己在深圳被中國當局綁架的經歷。他後來遭囚禁八個月，歷經嚴刑逼供，並被迫在鏡頭前認罪。他還透露，警方要求他在四十八小時內交出香港銅鑼灣書店的顧客名單，因為這家書店專門出售異議作家的作品，以及揭露中國政府貪腐和高官性醜聞的書籍。

面對壓力，林榮基曾考慮自殺，而引渡法案成了他的轉捩點。他逃往臺北，受到臺灣熱烈歡迎，臺灣人還集資幫他重新開了一家獨立書店。二〇一九年九月，他坐在臺北的左轉有書咖啡廳，一邊喝著卡布奇諾，一邊預言：「中國會用盡全力制服香港，抗議是無濟於事的，軍隊已經在城門外了。一旦香港的問題解決，下一個目標就是臺灣。收復失地、征服反抗者是中國文化的一部分。」

同一時間，蔡英文也察覺到香港的動盪在臺灣產生了共鳴，而且由於中國不斷對香港施壓，「一國兩制」原則已名存實亡。她召開了一場針對香港議題的國家安全會議，會後公開支持香港示威者，表示他們正在「為自由和民主而戰」。二〇一九年六月十三日，她公開表示：「香港的民主抗爭，讓臺灣人民更加珍惜現有的民主制度與生活方式。」

歷經習近平一月的威脅，蔡英文聲勢再起，重新扮演捍衛國家的關鍵角色。中國的舉動並非蔡英文所願，卻意外替她抬轎，此時，距離總統大選只剩六個月。「我們與總統的維安團隊努力協商，希望能讓總統走出總統府，走入一般民眾的生活，譬如在市場和廟裡接觸大眾，展現親民的形象。」S女士回憶，「我們更常利用社群媒體，分享蔡總統針對習近平言論的回應。」還好競選不必全靠新聞宣傳，因為中國無意間幫了蔡英文大忙，讓她在二〇二〇年一月十一日成功連任，並讓民進黨在立法院保持絕對多數。

自一九四九年以來，北京一直試圖干預臺灣的未來，習近平掌權後，干預的行為又變本加厲，漢學家高敬文把當時的局勢形容為「情緒和火藥味不斷堆疊」。習近平全面掌握了黨、國、軍隊，開始推動復仇國族主義及擴張主義，也迅速關上江澤民和胡錦濤二十年間與西方溫和對話的大門。江、胡二人都繼承了鄧小平的「韜光養晦」政策，這是鄧小平在六、七〇年代文革浩劫後提出的外交策略。

習近平的父親曾是文革受害者，如今，習近平翻開了歷史新頁。他以政治家、思想家甚至是傳教士的姿態，懷著使命接管了紅色帝國。自二〇一二年成為國家主席以來，習近平不斷宣揚「中國夢」和「民族復興」，目的是讓中國重返榮耀，打造一個強大自信的國家，幫助數千萬人民脫離貧窮和飢餓。中國一面擴張霸權，一面在全球拓展軍事和商業版圖，第一步就是「一帶一路」計畫，企圖討回過去吃過的虧，與西方主導的國際秩序抗衡。中國採取有話直說的「戰狼外交」，外交官各個態度兇猛，不斷批評、否定歷史、政治宣傳，在全球播送「中國之聲」。二〇二二年十月，中國共產黨召開第二十次全國代表大會，中國專家納德吉・羅蘭（Nadège Rolland）隨即評論道：「中國在毛澤東時期爬起來，在鄧小平時期富起來，在習近平時期強大起來。中國想搶奪主位，不會輕易退讓。」

中國紮紮實實揮別了過去，全面進入習近平宣揚的「新時代」。漢學家克蘿伊・芙羅薩（Chloé Froissart）指出，習近平「擁有的權力比中華人民共和國歷史上任何領導人都大」，且共產黨「目前在國內（擁有超過九千六百萬名黨員）和國際上聲勢浩大、無所不在，程度前所未見」。二〇二二年十一月中共召開二十大後，芙羅薩認真比較了這次會議和一九五六年蘇聯共產黨的二十大，她強調，這兩次共產黨大會「形成一正一反的對照」。蘇聯大會譴責個人崇拜和政治清洗，中共大會則「將習近平塑造成無所畏懼的新版史達林，是已進化的共產黨內不容質疑、也無人質疑的領袖」。[9]

隨著中國成為貨真價實的強權，臺灣也成了中國的主要目標。在馬英九執政

9 編註：在二十大中，習近平第三度連任總書記，並於二〇二三年三月第三度當選國家主席，成為中共建政以來任期最長的國家元首。

期間，兩岸關係的方針是和平、妥協，但蔡英文上任後，北京主動斷絕溝通，臺灣也順勢停止與中國靠攏。此後，臺海關係陷入了一位西方外交官所描述的「冷和平」狀態。在蔡英文勝選後的幾個月裡，中國政府開始全方位對臺灣施加外交壓力，企圖縮小臺灣的國際空間，並拉攏臺灣的邦交國。在過去八年中，臺灣失去了十個邦交國。截至二〇二四年，中華人民共和國已經擁有一百八十三個盟友，而臺灣僅剩十二個邦交國，其中包括瓜地馬拉、海地、梵諦岡、巴拉圭、帛琉和馬紹爾群島。

更重要的是，「中共試圖合理化其政策……並說服全球社會，任何與中華人民共和國建交的國家將承認中國對臺灣的主權，這些國家將無法與臺灣發展進一步的合作關係。這種想法很有問題。」學者博達安（Antoine Bondaz）二〇二二年在法國《精神》期刊（*Esprit*，暫譯）中強調。博達安表示：「過去三十年來，中國盡各種努力『重寫』提及臺灣地位的聯合國文件，試圖向各國推銷『一個中國原則』，並將該原則與一九七一年的二七五八號決議混為一談。」所謂的二七五八號決議，是聯合國在一九七一年納入由毛澤東領導的中國，並排除由蔣介石領導的中華民國時的決議文件，但內文並未特別對臺灣地位做出解釋。[10]

這件事情看似只涉及技術性細節，但俗話說「魔鬼藏在細節裡」，中國很擅長操弄細節來維護自身利益。博達安指出：「我們必須區分中國提出的『一個中國原則』和美國、德國或英國使用的『一個中國政策』。前者宣稱臺灣是中華人民共和國的一部分，後者則認為中華人民共和國是中國的唯一合法代表，但並未對臺灣地位給出明確定義。」事實上，我們可以「認知到」北京的立場，但並不代表必須接受和採用之。

同時，北京積極干預臺灣參與國際組織，如國際刑警組織（International Criminal Police Organization）、聯合國氣候變遷綱要公約（United Nations Framework Convention on Climate Change）、國際民航組織（International Civil Aviation Organization）、世界衛生組織（World Health Organization）等；幾年前，臺灣還

10 編註：二七五八號決議事項為當時中國在聯合國的代表問題，決議為「恢復中華人民共和國的一切權利，承認該政府的代表為中國在聯合國組織的唯一合法代表，並立即將蔣介石的代表從聯合國組織及它所屬一切機構中所非法佔據的席位上驅逐出去」。

曾以觀察員身分參加世界衛生大會。新冠疫情爆發後，兩岸在透明度和衛生管理上的巨大差異直接浮上檯面。臺北早在二〇一九年十二月便向世衛通報武漢病毒，並迅速實施防疫和追蹤措施，成功避免疫情爆發及大量傷亡，甚至無需封城。相較之下，中國在二〇一九年底至二〇二〇年初延遲疫情通報和管控，接著採取了強制封鎖措施，並阻止獨立調查員揭露疫情來源及真實死亡數據。中國的「清零」政策及全面篩檢讓數百萬居民不堪其擾，被迫活在歐威爾式的極權監控之中。與此同時，中國禁止臺灣在世衛分享抗疫經驗。二〇二三年五月，中國還成功阻擋兩名臺灣記者參加在瑞士舉辦的世界衛生大會。在外交上，中國採取了孤立策略，試圖限制或干擾外國議員或代表團訪問臺灣。

中國對臺灣的全面施壓擴及到了經濟領域，政府勸阻民眾不要前往臺灣觀光，並抵制部分臺灣產品。另一方面，北京也採取了溫和的勸誘策略。二〇一八年二月，中國政府公布了三十一項措施，試圖讓「臺灣同胞與大陸居民享受同等待遇」，具體受眾包括學生、企業家、投資人以及希望在中國就業的人。這些措施的目的是間接削弱臺灣的社會凝聚力，並引發人才外流。面對中國的舉動，臺灣政府並未掉以輕心，蔡英文政府在一個月後推出了包含四大方向、八大策略的方案，藉此與「祖國」抗衡並留住島內人才。

中國的種種施壓行為規模之大，尤其是軍事行動，逐漸引起世人關注。至今，解放軍飛機已經闖入臺灣防空識別區十幾次。防空識別區是一國用於識別、定位及管制飛行器的空域，臺灣的識別區涵蓋了大部分臺灣海峽、部分東海以及相鄰領海的空域，範圍遠超出單一空域，藉此讓臺灣有充足的時間應對潛在威脅。近月來，解放軍飛機越過海峽中線的頻率不斷升高，中國以往從未越過這條劃分海峽的隱形界線。解放軍在空中發動入侵和演習，對臺灣飛行員造成了巨大壓力，再搭配海上的威脅行動，藉機推進前線並迫使海峽的現狀改變。「中國的目標是使臺灣人民相信，任何抵抗都是徒勞無功。」國防問題專家馬明漢（Michael Mazza）於二〇一八年寫道。

二〇二一年七月二日，臺灣外交部長吳釗燮在《解放報》中表示，中國透過恐嚇、分化和脅迫「試圖在臺灣內部製造混亂」。幾天前，中國共產黨慶祝成立一百周年之際，總書記習近平宣告他意圖解決「臺灣問題」，實現國家的「完全統一」，並將「粉碎」任何的臺灣獨立活動。吳釗燮指出：「二〇二〇年，解放軍在臺灣周邊發動了兩千九百次入侵，這是相當大的數字。」「中國正在對臺灣發動假訊息戰，企圖分化、滲透我們。他們的策略很全面，目的是讓臺灣動盪不安。」

中國的侵略行動由中共中央統一戰線工作部主導，該部門負責統籌各政府單位和情報機構，致力於擴大滲透活動，針對會威脅或挑戰中國的勢力予以控制、消滅，同時操控輿論、滲透民間和業界。自二〇一七年起，中國和俄羅斯輸出的威權影響力（即「銳實力」）越來越受到關注，這與約瑟夫・奈伊（Joseph S. Nye）所提出的軟實力概念正好形成對比。銳實力專門打擊年輕脆弱的民主國家，透過滲透、操縱和散播假消息等手段實施侵略，臺灣正是打擊目標之一。

來到數位發展部在臺北的辦公室，頂層空間頗有新創公司風格，設有開放辦公室、寬敞的玻璃走廊，隨處都是連線電腦和相機，充滿T恤和運動鞋的輕鬆氛圍。數位發展部的主管是唐鳳。四十二歲的她是位難以被定義的部長、充滿熱情的程式設計師、開源運動和公民駭客活動的先驅，更是蔡英文總統推動的「數位國家」計畫中的重要舵手。唐鳳站在第一線與銳實力抗衡，讓臺灣的民主安全不受網路威脅侵襲。

「我們正處於對抗威權主義擴張的最前線，每天會遇到數百萬次網路攻擊，但大多數都被攔截了。二〇二一年，每天的攻擊次數大約五百萬，是前一年的兩倍以上，而且數字有增長的趨勢。這場戰爭不但包含網路攻擊，也融合了大規模的思想宣傳，屬於混合形態的認知戰。舉例來說，當裴洛西今年八月初訪問臺灣時，不但發生了實彈演習，還有各種網路攻擊。在這種情況下，建立能夠增強數位韌性的網路是當務之急。」對於如何應對網路攻擊、尋找預防或補救措施、反擊中國的侵略行動，唐鳳一一詳述。

唐鳳一說出「透明度」三個字，就顯現出兩岸的差異。七十歲的習近平，或者是紅色帝國狂熱分子口中的習大大，會向臺灣同胞宣傳他的「中國夢」、「祖國」和「一家親」，但根據政治大學的認同民調，有百分之六十點八的臺灣人首先認同自己是臺灣人，如此一來，習近平真有機會得償所願嗎？兩岸的想法雖然不見得互相牴觸，但卻隨著時間漸行漸遠。

9

「戰爭不是選項」

盛夏時分，威脅一波波襲來，密集程度前所未見。中國只差一個導火線，就能藉機發動全面演習威脅臺灣。二〇二二年八月二日美國眾議院議長裴洛西訪臺，讓中國找到破壞臺海現狀的理由。隔天開始，解放軍發動了一系列史上規模最大的軍事演習，這些演習早有預謀，企圖模擬封鎖臺灣島的情境，策劃如何在海上六個區域進行海空包圍。

這波演習比一九九五年到一九九六年的第三次臺海危機更加猛烈，解放軍至少發射了九枚彈道飛彈，其中四枚飛越了臺灣上空，五枚落入日本專屬經濟區。根據研究員博達安的估計：「從二〇二二年初到八月前，中國軍機越過海峽中線的次數非常少，只有四次。但光是八月三日到三十一日，就有兩百九十八架軍機越過中線。」隨後，中國繼續在網路上發動前所未有的攻勢，企圖干擾政府網站，並發送大規模政治宣傳和假消息。

雖然中國展開了大規模軍事行動，但臺灣的技術專家和戰略專家並未藉機汲取所有經驗，直到二〇二三年四月五日，大家才真正進入警戒狀態。這一天，解放軍發動了「聯合利劍」演習，試圖重新模擬如何打擊並封鎖「關鍵目標」，以達到「控制海洋、空域和資訊」、「發動威嚇並全面包圍臺灣」等目的。中國也藉此洩憤，表達對蔡英文總統過境加州，與新任眾議院議長麥卡錫（Kevin McCarthy）會面的不滿。兩岸和平統一的機率越來越低，中國若要控制臺灣，武力佔領就成了主要手段，甚至是唯一的方式。

一位蔡政府的戰略顧問表示：「未來，我們會看到演習規模節節攀升，威嚇行動和軍事演習會越來越多，成為臺海的常態。中國會持續進行軍演，試探我們的軍力、反應時間和弱點，並蒐集各種情報。一旦發現臺灣實力無法預測，而且臺灣的防禦工事正逐步加強，中國將會更積極進行演習。他們的信心會不斷增強，認為自己勝券在握。」

自一九四九年以來，中國政府一直想解決臺灣這塊「神聖領土」的問題。這個說法不僅納入了一九八二年頒布的中國憲法，還出現在二〇二二年八月發布的第三份白皮書中。然而，中國也希望攻克臺北，制住太平洋的關鍵區域，這是兩岸關係戰略中最重要的一環。法國現代中國研究中心研究員田予光（Hugo Tierny）指出：「中國在對外擴張的過程中，會撞上從日本到印尼的第一島鏈，臺灣正好守住了島鏈的中心位置。這個天然地理結構形成了一個C形包圍網，也為美國建立了一道防線。」由於美國在第一島鏈地區的盟友很多，「為了扭轉戰局，北京勢必得佔領臺灣，並透過地利之便打破島鏈。」

臺灣始終保持警戒，但表面上不慌不忙，單純密切留意強大鄰國的動向，一面迎接挑戰，一面迅速反應，盡力化解危機。二〇二二年二月二十四日上午，臺灣突然收到來自歐洲的緊急消息，得知俄羅斯軍隊稍早入侵了烏克蘭。這波在八千公里外的驚天戰事，對臺灣和蔡英文政府來說是記當頭棒喝。

「老實說，這是一記警鐘。」立法院國防委員會的立委王定宇回憶道，「我原本以為烏克蘭可能只能抵抗幾天到兩週左右，而且註定敗仗，國家最後會滅亡。」王定宇的同事，也是主持國防委員會的羅致政，回想起當年的當頭棒喝：「很多歐洲人認為不可能會有戰爭，但實際上戰爭是有可能發生的，烏克蘭戰爭就是最好的證明。我們不能靠理性邏輯分析專制政權，因為敵人可能無緣無故發動戰爭。這也是我們必須面對的危機。」

回想當年，遠景基金會執行長賴怡忠表示：「最初七十二小時壓力很大，讓人無法招架。所有社群媒體上的消息都證實俄羅斯軍隊正在推進，烏克蘭被大肆蹂躪，損失慘重。戰爭進度太快，讓我開始擔心中國會趁機侵略臺灣。」近三十年來，遠景基金會專門研究國際關係和兩岸政策。

一開始，蔡英文政府選擇保持低調。雖然總統表達了對烏克蘭的支持，但她非常謹慎，避免將臺灣的情況直接和烏克蘭相提並論。從地理條件來看，臺灣和烏克蘭當然無法相比。臺灣是一座島，和中國大陸之間隔著一條寬達一百八十公里的海峽。海峽水深偏淺，限縮了潛艦的活動空間。此外，該區域海流強烈，天氣變化無常，要在這片繁忙的商業海域進行兩棲作戰格外困難。最關鍵的是，臺灣似乎是座難以攻克的堡壘，因為西面幾乎沒有適合登陸的地方，中央是近四千公尺的陡峭山脈，而東側則是面海的狹窄海岸線。反觀烏克蘭，境內的廣闊平原與俄羅斯直接相連，與臺灣的狀況完全不同。

然而就局勢而言，臺灣和烏克蘭的相似程度很高。兩國都面臨來自專制強權的威脅，而強權領導人已經多次公開他們的征服意圖。戰略專家倪雅玲指出：「烏克蘭戰爭讓世人更認識敵人的真面目，以及何謂被威脅的民主，這正是臺灣目前的處境，必須承受中國的攻擊和逐漸增強的壓力。」烏克蘭和臺灣都面臨巨大的軍事威脅。蔡英文深知，中國與臺灣之間的軍事實力懸殊，對解放軍非常有利。解放軍擁有超過兩百萬名士兵，而臺灣只有十六萬九千名。解放軍能動用近四千架飛機和直升機，而臺灣不到七百架。在海上，中國也具有明顯優勢，擁有六十五艘潛艦和三艘航空母艦，而臺灣僅有四艘潛艦，沒有航母。在彈道能力方面，雙方的差異同樣明顯。二〇二三年，中國的軍事預算達到了兩千兩百五十億美元，臺灣僅一百九十億美元，解放軍已經成為世界第二大軍力，擁有全球最多軍艦和無人能及的造船能力。

自二〇一五年起，習近平政府透過強而有力的中央軍事委員會，開始對解放軍進行大規模現代化改造，企圖提高空中和海上力量的投射能力，增強部隊間的協同作戰能力，為高強度戰鬥做準備。解放軍原本的七個軍區被整合為五大戰區，並額外設立一支專責網路戰的部隊，以及一支負責彈道飛彈的「火箭軍」。目前，中國至少有六座目標直指臺灣的導彈基地，可以迅速打擊臺灣的政治中心，執行斬首行動，進而對臺灣發動全面入侵。

理論上，臺灣很難和這些軍事手段和明確的侵略意圖抗衡，更難像軍事戰略家孫子說的「不戰而屈人之兵，乃善之善者也」，在不必戰鬥的情況下制服敵人了。

在俄羅斯入侵烏克蘭之初，俄烏之間的實力差距已經昭然若揭。「但蔡英文選擇不把這件事公諸於世，以免引起民眾恐慌。」賴怡忠表示，「她和許多臺灣人一樣，擔心俄羅斯的攻擊可能三天就結束了，而且大家可能會立刻將臺灣和烏克蘭相提並論，認為臺灣同樣撐不久。」擔心了幾天之後，臺灣人的信心回來了。「看到烏克蘭人防守和抵抗的模樣，我們意識到決心才是最有力的武器。」王定宇表示，「烏克蘭人擋下俄羅斯軍隊的畫面，給我們打了一劑強心針。臺灣人開始意識到，中國可能沒有想像中那麼強大，臺灣也許不如想像中脆弱，我們需要堅定信念，進行軍隊改革。」

二〇二二年二月底，總統府、國防部、外交部、立法院等部會變得非常忙碌，會議一場接一場開、成立研究小組，並諮詢不同專家。各部會持續追蹤烏克蘭戰爭的發展，並初步觀察需要採取的防禦策略、需要優先進行的改革、如何有效分配資源、會面對哪些戰爭情境，以及該與哪些夥伴合作。這其中有團結的成分，也有憂慮的成分，但無論如何，臺灣人早在普丁發動進攻前就在思考這些問題了。

蔡英文就任總統後，將國防定為「五加二產業創新計畫」的核心項目之一。在美國的支持下，蔡英文推動並重啟了多項強化國防產業的計畫，預計啟用多艘輕巡防艦和船塢運輸艦，到了二〇二一年，一艘船塢運輸艦下水了。[11]此外，台灣國際造船公司也正在打造一艘部分由臺灣製造、採用外國技術的潛艦，預計二〇二三年秋季首次下水。[12]另一款與美國合作開發的新型飛機將於二〇二五年啟用，以便汰換老舊的法國幻象戰機和美國F-16戰機。相較於馬英九逐年縮減國防預算，蔡政府不斷拉高國防預算，到了二〇二三年，臺灣的國防預算大幅增加，年增幅達百分之十三點九。雖然蔡英文過去數月多次強調「戰爭不是選項」，但

11 編註：指兩棲船塢運輸艦「玉山艦」，於二〇二一年四月十三日下水，是國內首艘萬噸兩棲運輸艦。

12 編註：指首艘國造潛艦原型艦「海鯤號」，於二〇二三年九月二十八日舉行命名暨下水典禮，預計二〇二五年交船。

備戰和威嚇仍是必要措施。

同時，蔡英文更努力拉近軍民關係，脫離數十年來的艱困時期。由於國軍曾嚴厲鎮壓民主運動和民進黨，導致民眾對國軍抱持負面印象，又因為國軍守護中華民國的立場，許多捍衛臺灣島嶼多元認同的公民經常成為國軍打壓的對象。長期以來，國軍都扮演著國民黨的後盾，與臺灣社會保持一定距離。「在大家眼中，軍隊被單一政黨控制住了，將軍會遵循國民黨的指令。」熱衷國防議題的立法委員王定宇表示：「民進黨需要傳達一個觀念：軍隊不代表特定派系，而是代表整個國家，軍人是屬於全民的。」

即使民眾不信任軍人，民進黨政府還是為國軍挹注資源並訓練部隊。蔡英文也親自穿戴重型頭盔、防彈衣和迷彩服，並多次發表演講。「在蔡英文的任期內，我們安排她參觀許多軍事基地、兵營和軍團。」負責總統府宣傳的S女士表示，「民進黨與軍隊之間的關係一向緊張，蔡總統希望改變這種局面，拉近與軍隊的距離，才能更有效地管理國軍。」

另一方面，蔡政府也推動了軍事裝備改革，由參謀總長李喜明上將主導。有鑑於兩岸軍力極端不平衡，李喜明上將提出了一套新的非對稱作戰策略，即「整體防衛構想」。這套策略主張不直接挑戰佔優勢的敵人，而是朝對方的弱點重點攻擊，執行戰術的關鍵是使用大量機動性強、成本低、體積小的武器，以游擊戰的方式阻止中國武力犯臺。「面對中國，我們的時間不多了，臺灣正面臨生存危機。」二〇二二年十一月，李喜明坐在南部公寓的明亮客廳裡，語氣相當堅定。這位上將身材瘦削、眼神銳利、直言不諱，即使目前已經退伍，仍對整體防衛構想深信不疑。烏克蘭戰爭大幅驗證了他的「豪豬」戰術，李喜明的著作因此銷量大增。[13]「讓敵人踩到豪豬，被豪豬的尖刺刺痛，這是最有效的嚇阻手段。」《台北時報》在二〇二二年四月的一篇社論中總結道。

「這是一種防禦式攻擊。敵人接近海岸線的時候，我會快速移動，製造主動威嚇的效果。」李喜明用華語口音的英語解釋，「拳王阿里的教練說，要『像蝴蝶般飛舞，像蜜蜂般螫刺』。你聽不見我，因為你看不到我。你現在看到我，下一刻

13 編註：指李喜明的著作《臺灣的勝算》，聯經出版，二〇二二年。

我就消失了。這是非對稱作戰的真諦，必須等對方靠近再發動攻擊。」

李喜明上將建議投資能阻止敵方接近的武器，包括標槍飛彈、刺針防空飛彈發射器、海馬斯火箭系統、美國製的魚叉反艦飛彈，以及臺灣製的雄風二型和雄風三型中程超音速飛彈。他強調：「我們應該把這些武器分散部署在兩百多艘小漁船上，用飛彈攻擊敵人。敵人有辦法遠距離偵測和瞄準這些小船嗎？有殺傷力的是彈藥，不是傳統砲臺。」然而若要執行監控任務，並在和平時期保障海域及空域安全，傳統砲臺還是不可或缺的。

法國軍事歷史學家米歇爾・戈亞（Michel Goya）上校，在個人部落格「劍之道」（La Voie de l'épée）上討論了多款研究機構或商業戰爭遊戲，相關例子包括 GMT 遊戲公司的 *Next War* 系列遊戲、美國戰略暨國際研究中心（Center for Strategic and International Studies）的戰爭遊戲，以及蘭德公司（RAND Corporation）的前瞻分析報告。戈亞在〈給福爾摩沙的玫瑰花〉（Des roses pour Formose）一文中分析道：「實務上，這幾款遊戲顯示，各種重型、移動緩慢、容易被發現的武器系統如果被放置在常被飛彈針對的地區，會變得非常脆弱。」「遊戲模擬的結果支持了李喜明上將的『豪豬』防禦策略。對臺灣來說，與其投資容易被敵人摧毀的昂貴水面艦艇或空軍軍備，不如投資用於技術游擊戰的國防武器，包括大批低成本的小型機動性反接近武器。」

蔡總統、美國和五角大廈都強力支持李喜明的整體防衛構想，但「豪豬」戰略並未獲得全體國軍的支持，有些人仍偏好傳統的力量象徵。「在軍隊裡，擁有航空母艦或F-35戰機，或是駕駛F-16被視為一種榮耀，即使飛行場、跑道、雷達、燃料庫和彈藥庫可能會被飛彈攻擊並摧毀。」李喜明遺憾地說。身在國會辦公室裡的王定宇，眼前擺著一排排軍帽收藏，他坦言：「要改變某些將領的思想並正確分配資源非常困難。整個過程很複雜，需要花很多時間和精力。我們的裝備更先進了，資源更充足了，訓練也更充分了，但面對威脅，我們還沒真正準備好。」

這背後的原因跟世代有關，也跟培訓有關。王定宇樂見「數百名年輕下士和軍官」出國進修：「他們到義大利或英國的北約機構學習新的防衛和戰略概念。我們還計畫派好幾個營的部隊前往美國，接受美國特種部隊和軍事教官的指導。但我們還有很多知識要學，還有很多改革空間。」從二〇二五年起，臺灣的兵役將從四個月延長到十二個月，對此，李喜明認為：「這是個好政策，前提是要改革體制，確保有足夠的資源管理新兵，做好接待、培訓、指示和演習工作，否則會以失敗收場。」

目前，臺灣國軍遇到了募兵困難，這是一大難題。另外，要能建立民間防衛力量，也就是訓練平民成為非正規軍事力量，也是很大的挑戰。雖然可以參考烏克蘭的作法，但在臺灣內部還是引起不少爭議，因為有人擔心助長民兵組織。此外還有很多未知數，像是如果解放軍先佔領了金門或馬祖等外島怎麼辦？如果中國全面封鎖臺灣，臺灣該如何應對？臺灣是否需要儲備彈藥、原物料、食品和醫療物資，以便撐過戰爭封鎖期？如果解放軍切斷連接臺灣與世界其他地區的海底電纜，或佔領了島上的戰略要點，臺灣該怎麼應對？「我們得為最壞的情況做準備，」羅致政提醒，「如果中國封鎖臺灣，會構成戰爭行為還是灰色地帶行動？我們要獨自面對，還是與美國並肩作戰？誰會先開第一槍？何時會開第一槍？日本會伸出援手嗎？這些都是我們一直在研究的問題。」

這些計畫和不確定因素，更全面考驗臺灣社會是否能團結面對多重威脅。「壯闊臺灣」的創辦人吳怡農表示：「我們必須做好準備，起身展現團結、合作精神和韌性。」壯闊臺灣成立於二〇二一年，旨在針對國安與國防提供解決方案。三十來歲、曾經投身軍旅的吳怡農，與團隊成員努力不懈培訓平民，目標是組織起能提供醫療、維修和安全服務的志願部隊。「這種危機爆發的時候，最初的四十八到七十二小時非常關鍵，這是等待救護人員和援軍的時間。只要受過良好訓練，每個人都能成為親友和社群內的力量，為現役軍人、救護人員和消防隊員提供寶貴的支持。這對臺灣的生存至關重要。」吳怡農認為臺灣必須「為和平而戰」。李喜明從烏克蘭戰爭學到了一件事：「最重要的是決心。看看烏克蘭人，他們二〇一四年很快失去了克里米亞，但到了二〇二二年，他們成功抵抗外侮跟全民動員。其中最關鍵的，是烏克蘭人的抗戰意志。這一點同樣適用臺灣。」

七十五歲的半導體業巨擘曹興誠也意識到了當前局勢的急迫。二〇二二年夏天解放軍發動大規模軍事演習後，曹興誠戴著頭盔、穿著防彈背心在鏡頭前露面，宣布將斥資一億美元，在未來三年內替三百萬臺灣人訓練戰鬥技能。

曹興誠宣布訓練計畫之後，大眾又開始沒日沒夜討論開戰日期，到了近乎病態的程度。戰爭會不會在二〇二四年臺灣大選時爆發呢？還是會在二〇二七年，解放軍成立一百周年之際爆發？認為爆發時點是二〇三五年、二〇四九年的也大有人在。大家各有各的想法，切入點不一而足，包括戰略、歷史、武器發展……。

國防安全研究所國防戰略與資源研究所所長蘇紫雲指出：「對習近平和中共來說，失敗不是選項。中國政權的政治風險非常高，已經到了不成功便成仁的地步。因此我們必須認真研究各種訊號，不能對敵方的準備行動視而不見，奇襲這件事不太會發生。」法國國家軍事學院戰略研究所（Institut de recherche stratégique de l'École militaire）專攻武裝衝突理論的研究員愛德華・喬利（Edouard Jolly）認為，中國入侵臺灣時會需要「龐大的部隊、武力及後勤支援。解放軍到時會加強預先部署的軍力，甚至集結兵力」。中國南部作戰區域與正對臺灣的東部作戰區，已經出現了兵力集結的現象，這兩區是解放軍最集中的地方。

喬利進一步指出：「準備行動還包括增加兩棲作戰演習的次數、加強空中偵察活動，並增加預警機的出現頻率。目的是讓對方習慣這些巡邏行動，進而在對方毫無警覺的情況下，選擇合適時機發動攻擊。」這與一九七三年埃及在贖罪日戰爭中對以色列採取的策略類似。

前中央情報局東亞組負責人、已退休的分析師約翰．柯佛（John Culver），提出了一系列判斷解放軍是否入侵臺灣的關鍵指標。柯佛曾為卡內基國際和平基金會撰寫報告，在報告中，他提到「解放軍的戰備行動會吸引情報單位注意。在可能發動入侵的前六到十二個月，中國會暫停軍人和官員的退伍程序，並發布動員令。隨後的三到六個月內，解放軍會進行關鍵裝備維修，並增強海軍和空軍重新武裝、補給和修繕船艦、潛艦和飛機的能力，而且這些工事不會在可能被美國或臺灣轟炸的軍事設施附近進行。」中國還可能「強化軍民合作，使用滾裝船[14]和民間基礎設施，利用民間資源實現軍事目的，與毛澤東全民皆兵的策略一致」，一旦中國採取這些手段，就會引發關注。柯佛預言：「中國將採取隔離政策，讓自家經濟、軍事力量和關鍵產業不受外部干擾和制裁。這已經超出了中國

14 譯註：可裝載貨運車輛，並讓貨運車輛自由駛入駛出的一種運輸船。又稱「RO/RO 船」。

現行工業政策的範疇，也就是追求技術和物質自給自足。」

既然衝突在預料之內，我們更要留意敵方的後勤準備。喬利指出，後勤準備包括：「提高軍事用品的產量，像是武器、車輛、通訊設備和降落傘，以及各類軍用醫療裝備，相關醫療服務還能事先部署。另一方面，敵方也會儲備燃料、水、食物和血液。」

最後，思想準備工程也是需要留意的一環。與美國國防界關係密切的蘭德公司研究員何天睦（Timothy R. Heath）指出：「解放軍高層很可能會接受一系列思想教育，加深自身對統一的重要性和戰爭使命的理解。再利用宣傳活動、集會和煽情演說搏取輿論支持，並協助人民做好準備迎接即將來臨的挑戰。」

解放軍的種種準備行動，要不被發現很難，但要追溯歷史前例也很難，因為解放軍在一九七九年之後就沒在國外作戰過，而今日的解放軍也和當年打輸越戰的中國軍大不相同。此外，無論是習近平政權和美國都今非昔比，讓預測局勢難上加難。

10

美國好朋友

臺美熱線短短十幾分鐘，就為兩國關係掀起了波瀾。臺美關係相當獨特，因為兩國雖然並未承認彼此，卻始終保持密切往來，還必須應對日漸強硬的中國，形成了前所未有的奇妙三角關係，這樣的三角關係已經持續了快七十五年。

二〇一六年十二月二日，蔡英文總統在上任近一年之際，打了一通越洋賀電給川普（Donald Trump）。川普在一個月前當選美國總統，成了歐巴馬（Barack Obama）的接班人。這通電話，表面上是國家元首間的正常交流，實際上是臺美之間破天荒頭一遭。自一九七九年美國承認中華人民共和國並奉行「一個中國」政策以來，臺美領導人從未通過電話。而對中國來說，臺灣是中國不可分割的一部分，臺灣政府不具合法地位，因此臺灣無權直接聯繫美國總統。這次的臺美熱線，讓中國政府大為光火，認定臺灣主動挑釁，並批評川普是政治菜鳥。不過這番批評值得商榷，因為即使川普尚未就職，身邊已經圍著一批深諳美中臺三角關係的外交專家了。

蔡英文這通電話是妙招，也是險棋。在這通熱線之後，國際社會開始關注臺灣問題。顧問兼研究員寇謐將（J. Michael Cole）指出：「因為這通電話，蔡英文的總統角色更名正言順，也顯示臺美關係修復了（作者註：陳水扁一度導致臺美關係緊張）。」但寇謐將也強調，中國會更用力對臺灣施壓。

川普的行為難以預測，容易引發天下大亂，他還堅持「美國優先」政策，導致臺灣進退維谷。二〇一六年十二月二日臺美熱線後不久，總統當選人川普在《週日福斯新聞》（*Fox News Sunday*）上發表了備受矚目的言論：「美國一九七九年背書的一個中國政策，內容我完全理解，但我不懂，我們為什麼要被綁住手腳，除非美國能和中國取得別的共識，像是商業協定。」川普似乎不苟同過去四十年的中美外交政策。不久之後，他在《華爾街日報》（*The Wall Street Journal*）的專欄文章中又再度重提了這件事。

寇謐將進一步指出：「川普的言論不僅驚動了中國，也讓臺灣更容易在其他談判中淪為談判籌碼。川普在入主白宮之前，便無意中帶起了『一個中國政策』內涵和影響的討論風潮，不僅美國政界和媒體界廣泛討論，連國際社會也關注了起來。」這個議題看似只涉及技術性細節，實際上對深入理解美中臺三方角力非常有幫助。

爬梳臺美關係史，雖然兩國目前沒有正式外交關係，但從很久以前開始，雙方就保持著密切往來。一九四一年，珍珠港事件引爆了太平洋戰爭，蔣介石領導的中華民國選擇加入美國陣營攜手對抗日本帝國。一九四五年，第二次世界大戰劃下句點，蔣介石的部隊還被派到臺灣接受日本投降。中華民國身為聯合國創始成員國，從一九四五年起便擁有聯合國席位。

此時，中國正上演著國共內戰，共產黨最終取得了上風。一九四九年，蔣介石帶領軍隊和兩百萬漢人撤退到臺灣，毛澤東則在大陸地區宣布建立中華人民共和國。一九五〇年，朝鮮半島爆發新一波衝突，美國在杜魯門總統（Harry S. Truman）的領導下，迅速以反共名義向中華民國提供經濟和軍事援助。為了避免兩岸直接爆發衝突，美國派遣了第七艦隊維護臺海和平。在一九五四年第一次臺海危機後，美國與臺灣簽訂了防禦條約。一九五八年第二次臺海危機時，艾森豪總統（Dwight David Eisenhower）便根據臺美防禦條約支援臺灣。在一九七九年前，這項條約持續有效，直到卡特總統（Jimmy Carter）領導的美國政府決定與共產中國建交才正式失效。在一九六〇到一九七〇年代期間，隨著中蘇關係冷卻，美中關係變得更加緊密，尼克森總統（Richard Milhous Nixon）甚至在一九七二年二月訪中七天，讓雙方關係再創高峰。這件事距離毛澤東領導的中華人民共和國取代了蔣介石的中華民國，成為聯合國成員國的時間點，只有不到四個月。

一九七九年一月，美國正式與中國建交，但並未切斷與臺灣的往來，從此開啟了臺美獨特的互動模式。美國國會又通過了《臺灣關係法》（The Taiwan Relations Act），替臺美關係打下法律基礎，為兩國的軍事、商業和文化交流制定框架，在此之上強化雙邊關係。法案的一項重要內容是確保對臺灣的防禦。此外，《臺灣關係法》認定臺灣應該被視為國家，允許臺灣在美設立具有領事功能的辦事處，不過使館等級的機構除外。目前，美國在臺灣設有兩座機構，而臺灣在美國國內則設有十三個代表處，服務數十萬名在美臺灣人。有些人會加入具有影響力的臺僑組織，譬如擁有兩千五百名成員、全美各地共四十四個分會的臺灣人公共事務會（Formosan Association for Public Affairs），致力推動諮詢及臺灣推廣活動。

一九八二年，《臺灣關係法》提出「六項保證」進一步明定臺美之間的關係。

這是美國與中國簽署第三份聯合公報後，對臺灣所做的六項承諾，內容包括美國不會就對臺軍售設定結束期限、不會就對臺軍售議題向中國徵詢意見、不會在兩岸之間擔任斡旋角色、不會改變關於臺灣主權的立場、不會迫使臺灣與中國談判，也不會正式承認中國對臺灣的主權。

近年來，臺美關係在各方的努力下更上一層樓，並且跨越了黨派界限。在美國國會中，共和黨和民主黨議員多數願意保護臺灣並促進臺灣與國際接軌。二〇一八年是臺美關係飛快進展的關鍵時刻。當年三月，美國國會兩院迅速通過《臺灣旅行法》（Taiwan Travel Act），川普簽署了該法案，鼓勵臺美官員在相互尊重的基礎上會晤交流。這項法案引發中國的強烈反彈，指責美國背棄了承諾。不過寇謐將指出：「這項法案的重點，其實是重申『一個中國』政策所允許和已實行的事項，而不是改變美國政策方針的新手段。」

自一九九四年起，美國便允許臺灣總統過境訪問，李登輝是第一位享受這項待遇的臺灣總統。一九九四年五月出訪中美洲期間，李登輝獲准在美國停機加油，但不得在美國過夜。對此不滿的李登輝選擇留在飛機上，等到起飛離境。隔年，他才獲准以私人身分前往母校康乃爾大學發表演說，成為唯一享受這項特權的臺灣總統。之後的臺灣總統都曾過境美國進行私人和政治會晤，條件是最終目的地不是美國。二〇二三年三月到四月，蔡英文在前往盟國瓜地馬拉和貝里斯之前和之後，分別過境了紐約和加州，並在洛杉磯郊區的雷根總統圖書館見了共和黨眾議院議長麥卡錫（Kevin McCarthy）。相較之下，蔡英文訪問歐洲的限制更多。一位臺灣外交官表示：「她沒辦法在歐洲降落，歐盟不會允許。換成部會首長出訪，規定會比較寬鬆，不過只要有國家接待他們，中國都會出聲批評。」

當美國政治人物訪臺，同樣會遭到中國批評。二〇二〇年八月新冠疫情期間，美國衛生部長亞歷克斯・阿札爾（Alex Azar）訪問臺灣，讓中國大為光火。儘管如此，美國還是繼續派遣官員訪問臺灣，代表團主要由國會議員組成，最為人所知的一次，是二〇二二年八月眾議院議長裴洛西訪臺。「其實臺灣政府無法拒絕裴洛西訪臺，而大家都心照不宣，這次訪問是有代價的。中國藉機發動了軍事演習，引發了真正的危機，還有機會演練封鎖臺灣的情境。就當下的時空環境而言，中國的反應還算合情合理。」賓州大學（University of Pennsylvania）法律和政治學教授戴傑（Jacques DeLisle）表示：「拜登政府不太樂見裴洛西訪臺，因為大家已經預見了後果。不過，這次出訪還是有正面影響，包括強力展現美國對臺灣的支持、再次突顯臺灣在民主和人權上的成就，與中華人民共和國形成反差，映照出北京咄咄逼人的態度。」

為了提升國際地位，臺灣積極推動議會外交，廣邀國防專家、學者、地方官員、企業家、研究員及投資人等各界人士訪臺，這是蔡英文外交策略的一環。蔡英文的策略目的是將臺灣推向國際舞臺，打破與中國持續對立的僵局，努力抵制中國的孤立政策，她的作法備受專家和政界人士肯定。蔡英文總統的前助手兼文膽姚人多表示：「有一天，她認真看著我說：『兩岸關係不能侷限於兩岸。』我們必須拉高層級，放眼整個區域。」正因如此，大家近年來除了擔心中國逐步對臺施壓，對臺灣議題的關注焦點更不僅限於臺海，而美國除了支持蔡英文的策略，也從旁提供協助。臺灣前幾任總統因為挑釁中國而惹怒美國，但自從謹慎的蔡英文上任並於二〇二〇年連任後，臺灣身為可靠穩定夥伴的角色更明確了。

寇謐將指出，自二〇一六年起，白宮也將中國及其領導人習近平視為「意圖改變現狀的一方，並替習近平貼上『麻煩製造者』的標籤」。看著中國無限制在南海對島礁進行軍事化，同時剝奪香港自由、堅持實施清零政策，加上新疆集中營裡幾十萬維吾爾人的下場，全球民主國家總算明白臺灣不想被中共統治的心情。

臺美關係日益緊密，甚至來到了史上巔峰，完全不受近年來的政黨輪替影響。有位臺灣女性在臺美關係中扮演了重要角色，她就是蕭美琴。蕭美琴生於日本，現年五十二歲，父親是臺灣人，母親是美國人。蕭美琴在臺灣長大，並在美國求學及生活多年，二〇二三年時被《紐約時報》（*The New York Times*）譽為「華府最具影響力的非正式大使」。她與蔡英文關係密切，在美國擔任臺灣使節。川普政府的白宮國家安全顧問，也是蕭美琴的老友約翰・波頓（John R. Bolton）曾表示：「綜觀華府各國使節，臺灣使節的表現非常出色。」蕭美琴與拜登政府國家安全委員會的亞洲事務專家、民主黨人庫特・坎伯（Kurt Campbell）也關係密切。她自稱「戰貓」，用來調侃中國的「戰狼外交」，並且實踐蔡英文提倡的對外開放及國際化策略。蕭美琴不僅與拜登政府的高層頻繁交流，也與美國國會兩黨領袖保持緊密聯繫。

美國國會是推進臺美關係的要角，在許多領域都有影響力。眾議院提出了一項新的臺美貿易協定法案，目的是透過協調雙方的關務行政、簡化各式流程、建立反貪腐措施以促進臺美貿易關係。二〇二三年六月底，眾議院投票通過該法案；三週後，法案由參議院通過，並於八月初由拜登總統（Joe Biden）簽署生效。

臺美的軍事合作關係最為緊密。美國國會兩黨共同推出了多項法案，旨在協助臺灣進行武裝和備戰訓練，為可能爆發的衝突做好準備。美國目前依舊是臺灣最大的武器供應國，從一九七九年到二〇二三年五月，美國對臺銷售超過九百二十億美元的軍事裝備，而在小布希（George Walker Bush）任內，即二〇〇一年至二〇〇九年，美國對臺軍售達到近三百億美元，創下了銷量紀錄。

二〇二二年十二月二十九日，美國總統拜登簽署生效了《臺灣增強韌性法》（Taiwan Enhanced Resilience Act），證明臺美軍事關係非比尋常，而且越來越緊密。該法案由紐澤西州民主黨參議員鮑勃・孟南德茲（Bob Menendez）和南卡羅萊納州共和黨參議員林賽・葛瑞姆（Lindsey Graham）共同提出，他們指出「這是一九七九年以來美國對臺政策最重大的調整」。該法案提撥一百億美元作為補助和貸款，以便在二〇二七年之前向臺灣提供軍事裝備。

臺美的獨特軍事合作關係，在二〇二三年七月底達到了新的里程碑。美國總統拜登下令「提供最多三點四五億美元的國防物資與服務以及軍事教育訓練，給予臺灣援助」，這是美國首次動用總統撥款權援助臺灣。這項措施能夠加快武器的交付速度，並直接從庫存中提撥裝備，之前曾為烏克蘭發動數十次，向烏克蘭提供緊急援助。根據美國國會去年通過的法案，國防部有權自美國準備金挪用最高十億美元，向臺灣提供軍事裝備。

美國國會裡不乏支持臺灣或持反中立場的議員。前議長裴洛西自一九八九年天安門事件以來，就對中國及其人權紀錄提出強烈批評；相較之下，現任眾議院議長麥卡錫不像裴洛西如此引起北京反感，不過他在共和黨內批評中國政府也不遺餘力。共和黨內另一位會出言抨擊中國的是威斯康辛州議員、前海軍陸戰隊隊員麥克・蓋拉格（Mike Gallagher），他在二〇二三年一月於眾議院成立了「美國與中國共產黨戰略競爭」委員會（Select Committee on the Strategic Competition

Between the United States and the Chinese Communist Party）。這位鷹派議員在二〇二三年六月表示，美國和臺灣正處於「最大危險期」，並列舉了中國經濟成長減緩、出生率下降和人口老化等因素，認為這些因素可能促使習近平發動侵略，試圖轉移國內焦點。蓋拉格預測：「我認為二〇二七年可能是危險期的結束點，而不是起始點。」他還批評拜登政府在二〇二三年二月中國間諜氣球事件後，不應該試圖與中國修復關係。

在反中情緒不斷升溫的時刻，德州的共和黨眾議員麥可・麥考爾（Michael McCaul）特別活躍。二〇二三年四月，他率領數十年來最大的美國國會代表團訪臺，並在一場臺北晚宴中與蔡英文並肩出現。麥考爾用詞尖銳直接，他不但將習近平比作希特勒，更將歐洲正發生的戰爭納入比較：「假設烏克蘭敗北，俄羅斯勝出，亞洲國家就會成為下一個目標了。這是普丁和習主席的計畫，也是兩人形成的邪惡聯盟打的算盤。」

妖魔化中國的言論可能會帶來反效果。專家辰巳由紀在法國戰略研究基金會（Fondation pour la Recherche Stratégique）的報告中提到：「蔡英文總統曾向麥卡錫提議，下次訪美時兩人可以在加州會面，麥卡錫則在更早之前就計畫訪臺，而蓋拉格還希望邀請委員會成員在臺灣召開聽證會。國會議員們的初衷是支持臺灣，卻加劇了中美之間的緊張關係，讓拜登政府在制定對中政策時的彈性空間縮小。」

拜登政府延續了前任政府自二〇一八年中發起的貿易戰策略，但面對臺灣夥伴的擔憂，美方不得不親自出面安撫。烏克蘭戰爭爆發初期，大家不禁疑惑：假設中國對臺灣發動攻擊，美國是否會伸出援手？各家民調以及政治領袖和專家的公開發言顯示，臺灣人不確定美國會在臺海衝突爆發時採取何種立場，且擔心美國政府會和臺灣保持距離，尤其當美國需要向烏克蘭提供更多、更快的武器支援，是否會因此延遲交付武器給臺灣？包括蓋拉格在內的國會成員，已經要求拜登政府履行近一百九十億美元的對臺軍售案，這項軍售案其實已經批准且付款，卻因產能和行政問題尚未交貨。美國已經公開表示不會派遣軍隊援助烏克蘭，那麼在臺海戰爭爆發時，美國是否會派兵協防臺灣呢？

事實上，中國總是在一旁煽風點火，助長不確定性。中國除了實行孤立和干擾臺灣的策略，更不忘提醒大家美國的能力上限。歷史學家皮耶・葛洛瑟（Pierre Grosser）提起中美兩巨頭「衝突默默升級」時表示：「二〇二一年夏天，美國匆忙撤出阿富汗，面子碎了一地。中國便趁機暗示，如果美國拋下了阿富汗盟友，那麼在臺海發生衝突時也可能放棄臺灣。」葛洛瑟的說法在臺灣引發了討論，也呼應了中國的觀點：美國是正在衰落、愛說教卻不守承諾的大國，中國則是準備主宰亞洲的國家。

但臺灣肯定跟阿富汗不一樣，因為美國一旦失去臺灣，後果不堪設想。無論對中國或全球軍事龍頭美國而言，想掌控太平洋並在整個亞洲取得主導地位，就必須掌握臺灣。這也是臺灣問題複雜難解的原因。如果臺灣被中國併吞，將會是美國前所未有的重大挫敗，導致美國徹底喪失信譽和領導地位。這對韓國、日本等盟友會造成什麼影響？而過去十年間，日本和印度、韓國和澳洲之間建立的協防與聯盟關係又將何去何從？持有威脅性彈道武器和核武的北韓又會如何反應？

地緣政治學家庫赫蒙在二〇二二年末寫道：「自冷戰結束以來，美中臺三邊關係不斷變化，對臺灣的安危至關重要。在這樣的背景之下，臺灣需要再次評估美國是否會守信支援臺灣。」這一年充滿了張力和對立，既發生了俄羅斯入侵烏克蘭事件，在裴洛西訪臺後，中國也點燃了第四次臺海危機。

臺灣人的擔憂並非無的放矢。俄烏戰爭讓許多亞洲國家的首都憂心忡忡，擔心拜登政府可能因為這場戰爭減少了對印太地區局勢的關注，使中國有機會發動攻擊。賓州大學法學與政治學教授戴傑在二〇二三年一月指出：「當臺海衝突爆發，美國會採取的國際行動似乎不太可能跟俄羅斯入侵烏克蘭時一樣。美國對抗中國的成本很高，印太地區重點國家態度猶豫，又還沒形成歐盟或北約一類的組織架構，因此導致了一連串錯誤或令人灰心的類比。」

眼見俄烏戰爭持續延燒，加上充滿變數和選舉的二〇二四年即將到來，人們更加愁容滿面。這一年，美國和臺灣即將迎接大選的考驗。

此時，美國繼續堅定支持臺灣，甚至連最高層級的官員都出聲相挺。拜登總統二〇二二年五月二十二日在東京表示，有鑑於烏克蘭的局勢，美國保護臺灣的責任「更加重大」了。「這是我們的承諾，」拜登在日本首相岸田文雄陪同下說道，「美國堅持一個中國政策，但這不代表中國有權利以武力佔領臺灣……我希望這件事不會發生。」在印太戰略之父安倍晉三的奔走之下，日本近年來和臺灣越走越近。四個月後，拜登接受哥倫比亞廣播公司（Columbia Broadcasting System）《六十分鐘》（*60 Minutes*）節目訪問，他在主持人史考特・佩利（Scott Pelley）面前再次強調，如果臺灣遭受前所未有的攻擊，美國將會介入保護，而且「根據很久以前簽署的文件，我們確立了一個中國政策，以及臺灣有權決定是否獨立。美國不會採取行動，也不鼓勵臺灣宣布獨立。這是臺灣自己的選擇。」

華府長期堅持「戰略模糊」策略，刻意不明講是否會在中國攻擊臺灣時出力協防，但幾個月以來，當拜登提到「兌現的承諾」時，似乎會與「戰略模糊」策略保持距離。自二〇二二年春天以來，美國總統已四次聲明將保衛臺灣，每次發布聲明後，也會釋出聲明稿重申美國堅持一個中國政策。前卡特和柯林頓政府顧問約瑟夫・奈伊在二〇二三年五月寫道：「所謂的戰略模糊，改稱為『雙重威懾』可能會更準確：一方面嚇阻中國不對臺灣動武，另一方面嚇阻臺灣正式宣布獨立。」

面對中國的軍事行動，現在是否該改走「戰略明確」路線了呢？立法院外交及國防委員會召委王定宇拋出了疑問：「美國必須和中國明說，中國一旦發動戰爭，就會付出無法承受的代價。假使普丁早知道歐美會伸出援手，可能就不會發動這場無謂的侵略了，不是嗎？」

11

晶片戰爭才剛開始

在微觀世界裡，正上演著一場巨人爭霸，這也是一場商業戰與地緣政治戰。當我們的生活越來越離不開網路，而且日漸依賴「晶圓」這種刻著電路的薄薄矽晶圓片，這場爭霸戰已經和日常生活密不可分了。工業巨頭和世界強權投入數百億美元、建立超大晶圓廠、研發技術、制定法律和制裁方案，就為了在剛展開的激烈賽事中大展身手。隨著人工智慧技術發展、5G普及化，以及汽車、軍武、醫療、通訊和新能源產業的現代化，晶片成了這個時代的「新石油」。無論是手機、電腦、電動遊戲、汽車、物聯網、雲端設備、資料中心，還是最先進的武器、飛機、家電和醫療器材、監控系統，幾乎和晶片形影不離。晶片技術的進展快到讓人眼花撩亂，一如美國歷史學家、塔夫茨大學（Tufts University）弗萊徹學院（Fletcher School）教授克里斯・米勒（Chris Miller）在二〇二二年十月出版的知名著作《晶片戰爭》（*Chip War*，天下出版，二〇二三）中所言。作者很喜歡說，如果飛機的飛行技術推進得跟晶片一樣快，現在大概能以光速行駛了。

不過到了二〇二〇年新冠疫情期間，全球紛紛封城時，晶片的重要性才浮上檯面。由於工廠產能停滯、生產策略重新定位，導致晶片短缺、供應鏈混亂，新科技和汽車業巨頭遭受數百億美元的損失，世人才真正意識到晶片對全世界的影響。幾年前，晶片已經是美中臺三邊關係的核心議題，現在更成為科技冷戰中的一環。誰能供應高效微處理器，誰就能在戰略生態系及商業、政治甚至軍事談判中占有一席之地，而擁有技術和工業領先優勢的臺灣，競爭力自不在話下。一位臺灣半導體業的企業主表示，臺灣是半導體產業價值鏈的「應許之地」，在這個高科技產業中扮演了至關重要的角色。半導體業的共生關係相當緊密，又講求鉅額投資、精熟管理模式、精細技術和嚴格紀律，生產晶片的流程包含三個步驟：首先是設計積體電路，美國在這個領域領先群雄；接著是在晶圓廠生產半導體，這是臺灣的強項，尤其是七奈米以下製程；最後是進行測試、組裝和封裝，這是美國、臺灣和中國相互較勁的戰場。

人稱「台積電」的台灣積體電路製造公司，是臺灣半導體業蓬勃的表率。在四十五年間，台積電成為全球半導體業的龍頭，佔臺灣國內生產毛額（GDP）近百分之十五。二〇二二年，台積電的營業額達七百五十億美元，年增長率百分之三十三。台積電實力強大，自成立以來不斷創新，一位駐臺外交官稱讚「台積電是個龐大又獨特的產業價值鏈」。市值五千四百億歐元的台積電，掌控了全球近百分之五十的晶圓代工市場，並生產了百分之九十二最先進的晶片，高端市場的主要競爭者只有韓國三星公司。台積電擁有超過五百家客戶，包括蘋果、索尼、高通、輝達等。

這間晶片巨頭不斷創下新紀錄，現在已經擁有七萬三千名員工。二〇二二年，公司撥款一千億美元進行三年投資計畫，預計在美國亞利桑那州建造一座超大晶圓廠，該州也會設立另外兩家晶圓廠。台積電將擴大在中國的業務，並在日本與索尼和電裝（Denso）公司合作。歐洲方面，台積電將在德國德勒斯登（Dresden）投資三十五億歐元，建設第一家歐洲晶圓廠，持股百分之七十，並與三間公司合作，包括荷蘭的恩智浦（NXP）、德國的英飛凌（Infineon）和博世（Bosch），每位合作夥伴各持股百分之十。歐洲廠預計從二〇二七年底開始以二十二和二十八奈米製程生產微處理器，主要服務汽車產業。二〇二三年八月初，台積電宣布在臺灣南部設立新晶圓廠，以二奈米製程為人工智慧技術供應晶片。一個月前，台積電在臺北以南設立了研發中心，面積相當於四十二座足球場，將聘用七千名工程師。該中心位於新竹，離台積電總部很近，正好在一座廣闊的科學園區內，園區布滿工廠、辦公室、綠地。台積電在研發中心內推動多項創新加速計畫，包括開發一點四和二奈米製程。這些數字指的是晶片電晶體之間的距離，距離越小，半導體的精密度和性能越強大。台積電在半導體業已經遙遙領先群雄，在此就不詳列其他數據，不過三星和英特爾也準備在二〇二五年加入二奈米製程的行列。

台積電的商業實力和創新力已經眾所周知，但在地緣政治上的影響才剛開始發酵。隨著新冠疫情告一段落、美中緊張關係升溫，台積電董事長劉德音開始針對地緣政治發表意見。二〇二二年夏天，中國因為美國眾議院議長裴洛西訪臺而發射飛彈、發動軍事演習，在臺海局勢最為緊張之際，劉德音勸中國打消動武念頭：「沒有人能以武力控制台積電，中國如果想靠武力奪取，台積電晶圓廠就會停止運作，因為製程非常精細複雜。」他除了想強調員工不會在被佔領的情境下聽令行事，更企圖強調全球供應鏈的現狀及製程的複雜度。劉德音進一步解釋：「台積電需要與全球供應鏈即時往來，尤其是歐洲、日本、美國等地的供應鏈。

無論是原料、化學產品、零組件、工程軟體或檢測都需要全球通力合作，才能讓台積電順利運作，因此光是動用武力，是無法讓台積電運作的。」

十個月後，劉德音以美中關係調停人之姿，進一步發表談話：「如果中國大陸和美國都認為他們不能沒有台積電和台積電的晶片，就應該三思而後行。這時，台積電和臺灣的旗艦晶片產業，就能在穩定中美緊張關係上扮演重要角色。」台積電的領導階層顯然對自己的影響力信心十足，因此不惜涉入政治，不讓台積電這隻位於全球數一數二動盪地區的金雞母被毀掉。台積電不但深知自身定位，甚至如一位西方外交官所言，台積電「組織了地緣戰略專家團隊，學習如何應對風險和日益複雜的局勢」。

台積電和臺灣的產業發展，深受素有「臺灣半導體教父」之稱的張忠謀影響。這位頂著銀白髮絲、戴著黑框眼鏡的男人，是半導體產業的重要推手。一九三一年，張忠謀出生於中國，當時的亞洲歷經帝國主義和共產主義洗禮，四處充滿戰爭和貧窮，在如此背景下成長的張忠謀，於一九四九年移居美國。他取得哈佛大學學位後，便進入麻省理工學院修讀機械工程，後來先是踏入半導體領域，接著進入德州儀器（Texas Instruments）工作。

一九八七年，張忠謀帶著前衛理念創立了台積電。歷史學家克里斯．米勒指出，「他不打算生產自家的微處理器，而是為歐美市場以及業界大公司代工」。因此，台積電不做晶片設計，而是專心替全球客戶進行晶圓代工。台積電和張忠謀傾盡全力，利用先進的雷射技術、化學處理方法、氣密防護流程，並在適當的溫度條件、究極嚴格的衛生和安全條件下研發日益複雜、成本節節攀升的半導體，讓台積電掌握了關鍵技術，成為業界首屈一指的龍頭。

除了台積電和張忠謀之外，還有許多人投入半導體產業，一起推動臺灣半導體業走向成熟，並孕育出許多傳奇故事。有別於車庫起家、最終成為產業巨頭的故事，臺灣半導體業的傳奇起源於臺北的小吃店。一九七四年二月七日，一群半導體業先驅在早餐時間碰頭，成了微觀世界巨頭們的催生者。

當天早上，七位男士齊聚懷寧街上的小欣欣豆漿店，[15]在這間賣著豆漿和蛋

15 編註：關於小欣欣豆漿店的地址有數種說法，根據黃頁電話簿登記資料，較可能位於南陽街 40 號。感謝同事廖祿存協助查詢。

餅的早餐店裡開了一場會。早餐會上來了六位政府官員，包括經濟部長和交通部長，大家都來聆聽中國專家潘文淵的建議。潘文淵生於一九一二年，並在一九三七年獲得政府獎學金到美國史丹佛大學（Stanford University）深造，當共產黨取得北京政權，潘文淵選擇留在美國，但一直懷抱回到亞洲的期待。在美國時，潘文淵進了矽谷之父弗雷德里克・特曼（Frederick Terman）門下，專攻電子學。

潘文淵曾經在美國無線電公司（Radio Corporation of America）工作，一路升官。在當年的早餐會上，臺灣經濟部長孫運璿請教他如何推動臺灣經濟轉型，以因應一九七三年的石油危機和重工業成長減緩，潘文淵一面品嘗蛋餅，一面表示半導體是解方，並進一步提出技術和工業轉型計畫。當孫運璿詢問需要的時間和經費，潘文淵隨即回應「四年，一千萬美元」。孫運璿同意了潘文淵的提議，政府也決定投入這項計畫。

早餐會結束後不久，潘文淵就在圓山大飯店閉關撰寫積體電路發展計畫。他隨後辭掉美國無線電公司的工作，並在政府指導下擔任計畫負責人。與此同時，新成立的工業技術研究院與美國無線電公司簽訂了技術移轉合約，根據合約內容，美國無線電公司將負責在美國培訓首批臺灣工程師，為期一年。三十七名工程師返回臺灣後，設立了第一家由政府資助的工廠。一九七八年，臺灣製造的第一批積體電路問世，這是產業巨頭崛起之始。對此，西方外交官評論道：「臺灣人建立了強大的公私部門合作關係。公私部門各自貢獻心力，協力完成任務、分擔責任，落實了真正的共同管理模式。從基層到國家最高層，無不在政治和財政上盡心投入。」

二〇二一年十月，《外交事務》雜誌（*Foreign Affairs*）刊出一篇蔡英文總統的長文。在這篇發表於疫情爆發兩年之後的文章中，蔡英文強調半導體產業對於捍衛民主至關重要：「這面『矽盾』讓臺灣得以自保並保護其他國家，免於被威權政府干擾全球供應鏈的企圖波及。我們努力讓臺灣成為新的區域高階製造中心，鞏固臺灣在全球供應鏈的地位。」

臺灣在半導體領域的成就，海峽對岸的中國領導人都看在眼裡。臺灣剛開始生產晶片時，中國才剛從文化大革命的十年動亂中走出來，那是充滿政治清算、混亂和發展停滯的十年。一九七八年年底鄧小平上臺，推動了「改革開放」政策，讓中國進入經濟成長與自由化的新階段，轉型為「世界工廠」。不過，中國要成為科技強國還有漫長的路要走，因為當年迫使城市居民遷入農村的政策，導致一整代年輕人失去了受教育和訓練的機會。

中國嘗試說服曾在中國求學的潘文淵一同加入扶植中國半導體產業的行列，而潘文淵也曾和一九八七年成為中國總理的改革派人士李鵬會面。但由於潘文淵在臺灣事務繁忙，加上年事已高，因此婉拒了中國的邀約。儘管如此，兩岸間仍建立了一些來往，中國的工業也進入了長時間的新技術轉型期。一九八六年三月和一九九七年三月，中國分別推出了八六三計畫和九七三計畫，這兩項促進基礎研究、應用研究及高科技發展的計畫大幅加快了中國的技術轉型。二〇〇一年中國加入世界貿易組織後，技術轉型的速度持續提升，來自歐洲、日本和美國的資金不斷湧入，促使中國的生產力飆漲，並逐步現代化和對外出口。

習近平二〇一三年上臺時，提出了「中國夢」和「民族偉大復興」的願景，強烈展現出愛國主義的情懷，而半導體技術是實現願景的關鍵因素。中國政府深知，若要實現在經濟和軍事上取得主導地位的計畫，尤其是要在二〇四九年中華人民共和國成立一百周年時與美國在各方面平起平坐，掌握半導體技術是不可或缺的。

不過，中國的半導體產業還有很大的進步空間。美國智庫史汀生中心（Stimson Center）的專家理查・克羅寧（Richard Cronin）指出：「中國成為全球最大的代工產品出口國後，反而忽視了國內的科學和技術發展。」他也引述了中共內部文件的觀點，強調共產黨認為「創新是國家命運的基石」。習近平在二〇一六年也親口表示：「核心技術受制於人是我們最大的隱患。」

幾個月前，中國政府批准了「中國製造二〇二五」計畫，這是一項野心勃勃的十年計畫，預計在未來十年內斥資一千五百億美元研發新技術。為減少對國外的依賴，習近平針對國產「基礎元件和材料」設定了目標，希望二〇二〇年的佔比達到百分之四十，並在二〇二五年達到百分之七十。因此，他下令徹查中國電子產品中的外國元件，尤其是美國公司生產的元件，並將外國元件替換為本地元件。不過到了二〇二〇年，中國國產積體電路的產量僅佔國內市場的百分之十五點九，遠低於國內自給比率百分之七十的目標。儘管國產晶片產量微幅增加，中國自外國進口晶片的速度仍未減緩，在二〇二一年，中國的微處理器進口總額達四千三百四十億美元。

「中國在地方和國家層級投入了數百億美元，卻還是無法達成『中國製造二〇二五』計畫一半的目標。駐守半導體廠的政委可能不懂如何管理這個複雜的工業體系。」該西方外交官語帶諷刺表示。此外，中國政府也祭出高薪吸引在台積電、聯發科技、世大積體電路和聯華電子等臺灣半導體巨頭工作的工程師。二〇一九年，業界估計至少有三千名工程師、主管、經理和企業領導人已經跨越臺灣海峽到中國工作。

「中國製造二〇二五」計畫因爭奪全球人才而備受批評。這項為期十年的計畫，讓美國不但懷疑中國可能盜取智慧財產權，還更加擔心技術移轉過程中的風險。法國智庫蒙田學院（Institut Montaigne）的杜懋之（Mathieu Duchâtel）在二〇二一年指出，川普政府「開始限制中國取得某些外國技術，首先限制向華為供應5G基礎設施」。杜懋之進一步指出，儘管中國「過去二十年在半導體領域取得了重大進展，但其中央集權式的工業政策存在根本弱點」。

美國將華為列入禁止交易的外國經濟實體名單，緊接著「加強了對其他中國公司的監管，尤其是為軍事用途提供服務的公司」。美國的主要意圖是防止中國使用美國技術加強軍事裝備，進而對抗美國。為了維持聲勢，美國試圖在國內建設晶圓廠，再利用歐洲、韓國和臺灣等盟友的晶圓廠，在半導體市場中鞏固領導地位。

拜登上任後延續了川普政府的政策，針對中國半導體產業的弱點採取行動。經歷了新冠疫情期間的晶片短缺危機，華府和英特爾、超微、Meta、谷歌、亞馬遜等科技巨頭們意識到了晶片供應鏈的侷限，並針對可能爆發的臺海衝突研擬因應之道。

美國的制中策略涵蓋兩大方向：一是降低對國外晶圓廠的依賴，也就是將生產線移回美國本土。美國於二〇二二年八月簽署了《晶片法案》（CHIPS and Science Act），預計提供五百二十七億美元的補助在國內設置微處理器工廠。台積電已經開始在美國設廠，包括亞利桑那晶圓廠和未來三年內即將落成的另外兩間晶圓廠，這幾間晶圓廠將以四奈米製程生產晶片，並自二〇二六年起以三奈米製程生產晶片。在美國政府的壓力下，台積電不得不將部分技術移轉到美國。與此同時，英特爾在俄亥俄州著手設置類似的廠房，而三星則計劃斥資兩百億美元在德州設立先進的晶圓廠。這是一套分秒必爭的策略，但美國卻因為缺乏勞動力和專業知識，導致難以維持預期進度。想重建如此複雜的供應鏈，還是需要一點時間的。至於接受《晶片法案》鉅額補助的公司，則必須承諾未來十年內不在中國投資非最先進的二十八奈米以下製程。

在英特爾新廠的落成典禮上，拜登總統開誠布公表示，美國的目標是避免被中國超越。美國的制中策略第二方向，是防止中國在半導體領域迎頭趕上，甚至削弱中國在人工智慧等高科技領域的整體實力。二〇二二年十月七日頒布的新規則，進一步加強了美國為抗衡中國而制定的法律措施。隨後，荷蘭和日本也加入了美國的行列，限制對中國出口機器和敏感技術，特別是荷蘭艾司摩爾（ASML）的微影機臺。不到一年，拜登又頒布了一項行政命令，更嚴格限制美國企業在人工智慧等先進領域的境外投資，主要針對包括中國在內的「有疑慮國家」，目的是「保護用於下一代軍事創新的關鍵技術，以維護國家安全」。

一位臺灣官員表示，美國的生產策略變化讓臺灣既憂又氣，因為臺灣認為自己「被主要合作夥伴擺了一道」。當美國只將部分製造業務外包到其他國家，臺灣矽盾會不會因此逐漸喪失威能呢？

二〇二三年六月，臺灣經濟部長王美花接受《解放報》採訪時表示：「外國客戶擔心晶片產能高度集中在臺灣，因此政府希望台積電能在客戶的所在國生產晶片。不過，台積電會繼續在臺灣生產最尖端的晶片，包括大規模以三奈米製程生產晶片，並且在臺灣進行所有研發，包括兩奈米製程的研發。ChatGPT是現在最熱門的技術，輝達在兩星期前的臺北國際電腦展上展示了推動這項人工智慧技術的晶片。大家當時才意識到，整條供應鏈上幾乎都是臺灣公司，特別是封裝技術的部分。因此，即使部分產能轉移到了海外，臺灣矽盾的地位並不會被動搖。」

在說出寬心話語之餘，王美花也不忘提及可能爆發的臺海衝突：「正如美國國務卿布林肯所言，臺海穩定對全球的繁榮至關重要。一旦臺海出現動盪，臺灣就無法向全球客戶供應半導體，後續的經濟危機會遠比俄烏戰爭爆發後更嚴重。」為了化解被侵略的危機，臺灣必須不斷創新，確保自己在半導體業中捨我其誰的地位，成為無人敢惹的國家。

終章

二〇二三年五月二十日，倒數計時開始。這一天是蔡英文就職總統七周年，她在臺北召開了記者會，正式進入任期的倒數階段。根據憲法，她最多只能連任一次，她的接班人將在二〇二四年一月十三日總統和立法委員選舉後出爐。

對蔡英文而言，這一天是回顧過去、展望未來的時刻。在氣氛嚴肅的記者會上，蔡英文維持七年來一貫的打扮：白色上衣配深色西裝外套和長褲。她腳踩紅地毯，站在木製講臺後方，背對著後方的大螢幕，螢幕上顯示著她任內政績的相關圖片和數據。從二〇一六年以來，蔡總統的學者氣質始終不離身，她在記者會上的發言邏輯嚴謹、有憑有據，一方面盤點了政績，另一方面展望未來，過程不帶一絲情緒。

蔡英文在演講開頭表示：「我們已經走了相當長的一段路。我們讓臺灣的面貌和七年前有很大的不同。」她強調「國防自主」已成事實，並指出臺灣經濟在美中貿易衝突和新冠肺炎疫情之下，依然能「逆勢突圍」。她同時回顧了「新南向政策」的成果，這項政策企圖透過與更多不同的貿易夥伴來往，減少對中國的依賴。她還盤點了戰略產業和綠能的發展。接著提及政府在社會政策上的努力，特別是「民生經濟」面向，但並未深入討論。薪資和住房依然是臺灣民眾熱議的焦點。之後，蔡英文將焦點轉向國際關係和臺灣周邊的情勢，這些是她一路走來最常關注的議題。回顧完任內政績，她接著替接班人擘畫藍圖。面對外來威脅，蔡英文確立了兩個「重中之重」的目標，首先是「維持臺灣在全球供應鏈的關鍵地位」，其次是「維持臺海和平穩定的現狀」。整體而言，就是要確保臺灣未來安全無虞，她也重申「戰爭不是選項」。

蔡總統擘畫的願景獲得臺灣多數民眾的支持。她的接班人，也是民進黨黨主席、又稱「威廉賴」的賴清德，在總統競選期間也持續宣傳蔡英文的願景。賴清德身為副總統及民進黨候選人，選擇遵循蔡總統的路線前進，雖然這位哈佛畢業的醫師過去曾自稱「務實臺獨工作者」，但現階段必須謹慎行事，一方面避免觸怒北京，另一方面維繫美國對臺灣的支持。

二〇二三年八月中旬，賴清德出訪美國，這已經是所有總統候選人的慣例。訪美期間，賴清德秉持著微妙的立場，重申蔡英文對於捍衛民主、抵抗任何併吞行為、尊重臺灣人民意願的承諾。中國見狀，立刻稱賴清德是「麻煩製造者」，批評他過境美國的行為。隨後，中國派出約三十架飛機越過海峽中線，並在海上部署了十幾艘船艦。在這次總統大選中，最核心的議題顯然是臺灣與強大鄰國的關係。

在競選期間，國民黨候選人侯友宜提出警告，表示如果民進黨再次執政，臺灣與中國共產黨爆發衝突的風險可能會升高。這位臺灣政壇最親中政黨的候選人，甚至刻意激起民眾的恐慌：「我們正被推向戰爭的邊緣，每一位媽媽和女朋友都在為另一半操心。」他在七月的競選活動中表示：「到時會不會出現白髮人送黑髮人的悲劇？這是臺灣人內心的恐懼！」

一九五七年出生的侯友宜來自普通家庭，曾任警政署署長的他，自二〇一八年年底起在新北市擔任市長。不過，侯友宜的國際知名度不高，而且他所屬的國民黨正面臨高齡化和分裂的問題。在中國大陸創立的國民黨，至今仍與中國往來密切，但在和民進黨競爭時卻缺乏新策略和新思維。話雖如此，國民黨還是在二〇二二年的地方選舉中取得大勝，在臺灣二十二個縣市中贏下十三個縣市。當時，國民黨推派魅力四射的蔣萬安參選臺北市長，身為獨裁者蔣介石的曾孫，蔣萬安在四十三歲那年當選市長。國民黨曾經在二〇一八年地方選舉中表現亮眼，卻未能在二〇二〇年的總統和立法委員選舉中再下一城。

在這場總統選戰中，臺灣的兩大政治力量遇上了一位突如其來的對手：富士康創辦人、億萬富翁郭台銘。富士康是深耕中國的跨國電子產品製造公司。二〇二三年八月底，郭台銘宣布參選總統，他帶著二〇二〇年參選時的願景，期待「為臺海帶來未來五十年的和平，奠定兩岸最深厚的互信根基」。他還自詡為「臺灣CEO」，批評民進黨對北京抱持敵意。但意外的是，儘管有九十萬臺灣人支持他的政見，這位持有富士康股份的生意人仍在十一月二十四日宣布退選。

時間回到幾週前，當郭台銘宣布參選時，中國政府開始對富士康查稅，這間公司有四分之三的工廠都位於中國。與此同時，中國的民族主義媒體呼應了北京政府的擔憂，表示反對派選票分散可能對民進黨有利。郭台銘在十一月二十四日的Facebook貼文中寫道：「在世界的商業戰場上，我從來不曾低頭；在疼惜臺灣人民這個關卡上，我始終放不下……成大事者不計毀譽，郭台銘或許可以被人遺忘，但為中華民國的未來，選擇成全，已是我能夠奉獻給故鄉全部的愛。人退，志不退；STOP，RESET，RESTART。」

然而，這場大選真正的驚奇人物另有其人。臺灣民眾黨黨主席柯文哲參選後，國民黨和民進黨陷入混戰，因為柯文哲在好幾份民調中的支持度都排第一。這位人稱「柯P」的專業外科醫生，在二〇一九年擔任臺北市長時創立了臺灣民眾黨。在二〇二四大選中，柯文哲將自己定位成關注臺灣人民需求和社會議題的候選人，尤其是住房和薪資問題。他主打年輕族群和中低收入族群，並指出蔡政府的各種缺失，包括房租與房價高漲、最低薪資成長緩慢以及人口問題，柯文哲因此打動了年輕人。針對兩岸關係，柯文哲的態度始終曖昧不明，還希望與中國領導人對話，並打算加強兩岸的經濟連結。二〇二三年六月，他在東京的記者會上聲稱自己比對手更能處理兩岸關係，並指出兩大黨都受困於自身的「歷史包袱」。他認為民進黨已徹底失去與北京的互信，又批評國民黨對習近平領導的政府「過於順從」。柯P為開放的選戰帶來了新觀點，提出了創新且靈活的「超越藍綠」策略。但到了二〇二三年夏天，國民黨和民眾黨卻試圖結盟對抗民進黨，動搖了「超越藍綠」策略，各個反對黨都熱切盼望換掉執政黨。

十一月十五日，柯文哲和侯友宜達成了六點協議，試圖決定由誰領導聯合政府、兩黨如何合作分配立法院席位，以及聯合政府勝選後要採取哪些方針。然而，在嘗試以電話民調結果制定領袖推舉基準時，雙方卻無法取得共識，後續協商時爭執不斷，上了媒體只能露出僵硬笑容，彼此尷尬握手，原先美好的合作計畫，最終淪為選戰笑柄。到了十一月二十三日，這場表面結盟在電視直播畫面上正式破局，像紙牌屋一樣應聲崩塌。儘管前總統馬英九為國民黨站臺，國民黨和民眾黨始終無法建立互信，最終以無法達成共識收場。於是，一切又回到了原點，柯文哲依舊不改其特立獨行的政治作風。他曾在二〇〇〇年替民進黨總統候選人助選，十四年後在民進黨支持下當選臺北市長，並於二〇一九年創立了自己的政黨。雖然他曾公開表示自己「討厭國民黨」，但由於國民黨頻頻示好，柯文哲勉強接受策略性結盟，但這種違背初衷的策略並未獲得選民青睞。

當反對陣營結盟失敗、分崩離析，民進黨和賴清德抓住機會展現穩定、政策延續和團結的形象。投票日前幾天，民進黨在網路上釋出了一支精心製作的競選影片。影片以駕駛畫面開場，一名女士手握方向盤，眼前是一條開闊的道路，天空萬里無雲，太陽正從地平線升起，駕駛身邊的男士正與她親切交談。這位駕駛正是蔡英文，而男乘客是她的副手賴清德。幾分鐘後，熱愛駕駛的蔡英文將車鑰匙交給賴清德，由賴清德接手方向盤，和副總統候選人、前美國大使蕭美琴繼續前行，蔡英文則留在路邊。影片中的交棒橋段非常慎重，三人的笑容都恰如其分。

二〇二四年一月十三日，賴清德以百分之四十點〇五的得票率當選中華民國新任總統，這對生於一九五九年國民黨獨裁時期、來自臺北貧困郊區的他來說，是一項巨大的成就。賴清德自小失去父親，由母親撫養長大，他是成績優異的好學生，從臺灣最頂尖的醫學院畢業後，又在哈佛大學取得公共衛生碩士學位。一九九〇年代末，臺灣開始進行民主轉型，同時面臨北京的威脅，而賴清德選擇投身政壇。一九九六年，中國在臺灣舉行首次總統直選前夕發射飛彈對臺施壓，「中國的施壓堅定了賴清德參政的決心，他開始將捍衛臺灣民主和安全視為己任。」賴清德競選辦公室發言人趙怡翔一月接受《解放報》訪問時表示。

賴清德勝選，讓民進黨寫下連續贏得三次總統大選的紀錄，但這次卻贏得不全面，並未獲得選民的廣泛支持。與蔡英文二〇二〇年連任時相比，民進黨這次掉了超過二百五十萬票。「以得票率百分之四十當選總統，這個成績不算漂亮。」巴黎政治學院研究中心主任梅珍（Françoise Mengin）指出，「和往年的結果相比，蔡英文四年前的得票率是百分之五十七，二〇一二年敗選時，得票率還有百分之四十五點六。今年的結果很大程度上顯示執政黨光環已經衰退了。」這個現象也反映在投票率變低之上，今年的投票率僅百分之七十一點八，比二〇二〇年低了百分之三。國民黨的侯友宜獲得了百分之三十三點四的選票，而柯文哲則以百分之二十六點四的高得票率奪下第三名。

就立法院選舉結果而言，選票分散的現象更明顯。民進黨掉了十席立委，也丟了絕對多數，最終只拿下五十一個席位。反觀國民黨獲得五十二席，民眾黨則拿下八個席位。在臺灣兩大傳統政黨面前，柯文哲領軍的民眾黨銳不可當，成了立法院多數決中的關鍵角色。

未來的立法院會議可能會困難重重。梅珍指出：「在二〇〇〇年到二〇〇八年間，國民黨曾經有系統地干擾議事流程。一旦國民黨故技重施，賴清德政府將會舉步維艱。」此外，國民黨也奪得了新科立法院長寶座。議長由一百一十三位立法委員票選，國民黨的韓國瑜獲得五十四票，民進黨候選人獲得五十一票，而民眾黨立委則在投票時棄權。韓國瑜是前高雄市長，也曾於二〇二〇年總統大選中落敗，這位魅力十足、煽動力強的政治人物，承諾擔任議長時將秉持中立原則。他也在就職典禮上表示：「臺灣人民期待立法院能認真講理，一團和氣，並以人民利益為最高福祉……我要提醒一百一十三位立法委員，全世界都在看臺灣的民主。」

臺灣大選期間，中國並未袖手旁觀，而是三番兩次派遣飛機進入臺灣的防空識別區，並頻頻發表聲明，呼籲臺灣人做出正確的抉擇。此外，中國還藉代理人之手，在網路上發布假訊息、加強干擾活動，並且在臺灣上空發射數十顆間諜氣球。習近平政府刻意無視賴清德勝選的事實，轉而斥責民進黨的「臺獨分裂行徑」以及美國的「外部勢力干涉」。中國外交部長王毅在大選結束隔天表示：「不管選舉結果如何，都改變不了世界上只有一個中國、臺灣是中國一部分的基本事實。」他還說：「臺灣從來不是一個國家，過去不是，今後更不是。」臺灣外交部長吳釗燮則希望王毅「尊重選舉結果，同時面對現實，放棄對臺壓迫」，並強調對賴清德來說，臺灣是「事實上獨立的國家」。

大事紀

1912
辛亥革命推翻滿清，中華民國於中國大陸建國。孫中山成立國民黨。

1945
八月十五日：日本投降。國民黨接管臺灣。

1947
臺灣發生大規模暴動，反抗國民黨的專制及不當統治手段。
二月二十八日：政府發動暴力鎮壓，導致一萬八千至兩萬八千人死亡。

1949
毛澤東領導的共產黨在內戰中取得勝利，宣布成立中華人民共和國。
國民黨及中華民國總統蔣介石率兩百萬名官兵撤退至臺灣。國民黨在台實施戒嚴和白色恐怖，追捕反對派及疑似親共人士。

1950　六月二十七日：韓戰爆發後兩日，美國總統杜魯門命令第七艦隊前往臺海，阻止中國政府對臺灣發動任何攻擊。

1954．8—1955．4　第一次臺海危機爆發。中國政府砲擊臺灣，美國與臺灣簽訂共同防禦條約。

1958　八月至十二月：第二次臺海危機爆發。

1971　聯合國大會通過二七五八號決議，正式承認中華人民共和國。中華民國退出聯合國。

1975　蔣介石去世，其子蔣經國繼任總統。

1979　一月：美中建交。美國通過《臺灣關係法》，持續對臺軍售。

1979　十二月：黨外雜誌《美麗島》發起集會遊行，數千人遭政府鎮壓及逮捕。

1986 民主進步黨成立，成為國民黨的反對黨。

1987 七月：臺灣解除自一九四九年以來的戒嚴狀態。

1988 蔣經國去世。國民黨籍副總統李登輝繼任總統。

1992 十月：中方與臺方授權的機構在香港舉行會談，達成奠基於「一個中國」原則的「九二共識」，允許臺灣與中國各自解讀該原則。（編按：據親身參與過會談的相關人員表示，香港會談就一個中國原則的內涵表述進行討論，但雙方無法達成共識；會談後，兩岸幾經溝通終獲得妥協，亦即同意各自依據自己對一個中國內涵的認知，以口頭的方式加以表述。）

1995·7—1996·3　第三次臺海危機爆發。中國不滿李登輝訪美及臺灣首次總統直選，因此對臺發射飛彈和發動軍事演習。

1996　李登輝連任總統。臺灣首次以直選方式選出總統。

1997　七月一日：香港回歸中國。

1999　七月：李登輝提出與中國的「特殊國與國關係」。

2000　臺灣總統大選首次政黨輪替。民進黨候選人陳水扁當選，並主張臺灣的主權獨立地位。四年後，陳水扁連任總統。

2005　中國全國人大於三月十四日通過《反分裂國家法》，允許共產黨政府在臺灣宣告獨立時，可採取「非和平」措施應對。

2008

國民黨在總統大選中獲勝，馬英九當選總統。四年後，馬英九險勝民進黨候選人蔡英文，成功連任總統。

2013

三月十四日：中國共產黨總書記習近平就任中華人民共和國主席。

2014

三月至四月：由年輕人發起的太陽花學運爆發。示威者佔領立法院，抗議未經辯論即強行通過的自由貿易協定，該協定預計開放中資來臺投資服務業。

2015

十一月七日：馬英九與中國國家主席習近平在新加坡進行歷史性會晤，拉近兩岸政治及經濟來往。

2016

一月：民進黨候選人蔡英文當選總統，民進黨獲得立法院絕對多數。當選後，蔡英文代表政府向四百年來被殖民者壓迫和歧視的原住民族道歉。

2019

一月二日：習近平發表談話，呼籲兩岸「統一」，且不排除使用武力。

2019

五月：臺灣成為亞洲第一個合法化同性婚姻的國家。

2019

十二月三十一日：臺灣衛生主管機關去信中國及世界衛生組織，通報「非典型性肺炎病例」。

2020

一月：蔡英文以百分之五十七點一的得票率連任總統，民進黨維持立法院絕對多數。

2020

六月：中國全國人大一致通過針對香港的國家安全法，該法包含六十六條用以鎮壓任何反對和抗議活動的法律。

2022

二月二十四日：俄羅斯入侵烏克蘭。臺灣公開支持烏克蘭。

2022

八月：第四次臺海危機爆發。美國眾議院議長裴洛西訪臺後，中國發起大規模軍事演習，藉此包圍臺灣島、發射彈道飛彈並模擬對臺封鎖。中國發表「臺灣問題與新時代中國統一事業」白皮書。

2022

十月：在中國共產黨的第二十次全國代表大會上，習近平三度當選共產黨總書記及國家領導人，史無前例。大會閉幕時，習近平強調「敢於鬥爭、敢於勝利」的重要性。

2023

四月五日：蔡英文總統與美國眾議院議長麥卡錫在加州會面後，中國發動新一輪對臺軍事恫嚇演習。

2024

一月：臺灣舉行總統和立法委員選舉。

參考書目

書籍

Ackerman, Elliot et Stavridis, James, *2034*. Traduit de l'anglais par Janique Jouin-de Laurens. Paris, Gallmeister, 2022.

Brown, Kerry et Wu Tzu-hui, Kalley, *The Trouble with Taïwan*. Londres, Bloomsbury, 2019.

Cabestan, Jean-Pierre, *Demain la Chine: guerre ou paix ?*, Paris, Gallimard, 2021.

Cabestan, Jean-Pierre et Vermander, Benoît, *La Chine en quête de ses frontières*, Paris, Presses de Sciences Po, 2005.

Cole, J. Michael, *Cross-strait Relations since 2016. The End of the Illusion*, Londres, Routledge, 2020.

Duchâtel, Mathieu, *Géopolitique de la Chine*, Paris, PUF, 2017.

Ekman, Alice, *Dernier Vol pour Pékin*, Paris, Éditions de l'Observatoire, 2022.

Franklin Copper, John, *The KMT Return to Power*, Lanham, Lexington Books, 2012.

Grosser, Pierre, *L'Autre Guerre froide, la confrontation États-Unis/ Chine*, Paris, CNRS Édition, 2023.

Niquet, Valérie, *Taïwan face à la Chine*, Paris, Tallandier, 2022.

Pelaggi, Stefano, *L'Isola sospesa. Taïwan e gli equilibri del mondo*, Rome, Luiss University Press, 2022.

Teufel Dreyer, June et DeLisle, Jacques, *Taïwan in the Era of Tsai Ing-wen*, Londres, Routledge, 2021.

文章

Bondaz, Antoine, « La Chine: une priorité stratégique pour Washington », *Diplomatie. Les grands dossiers*, n° 73, avril-mai 2023.

Bondaz, Antoine, « Une seule Chine. Défendre le statu quo à Taïwan », *Esprit*, novembre 2022.

Bland, Ben, « Tsai Ing-wen. The Woman with China in Her Sight », *Financial Times*, 23 janvier 2016.

Burdy, Jean-Paul, « Taïwan, entre manœuvres chinoises et pivot asiatique américain », *Diplomatie. Les grands dossiers*, n° 73, avril-mai 2023.

Chang, Meg, « Veteran Tells Story of Taïwan's Semiconductor Industry », *Taïwan Today*, 18 juin 2010.

Corcuff, Stéphane (dossier coordonné par), « Pékin-Taïwan, la guerre des deux Chines. 1661-2022 », numéro spécial de *Historia*, no 911, novembre 2022.

Corcuff, Stéphane, « Le pivot taïwanais ou la démocra- tie comme frontière géopolitique », *Diplomatie*, n° 113, janvier-février 2022.

Corcuff, Stéphane, « La nation taïwanaise se construit sans la Chine », *Libération*, 26 janvier 2016.

Courmont, Barthélemy, « Chine-Taïwan: la ligne de front ? », *Après-demain*, n° 64, 2022.

Courmont, Barthélemy, « Chine-Taïwan: ennemis un peu, partenaires beaucoup », *Géoéconomie*, n° 68, 2014/1.

Cronin, Richard, « Semiconductors and Taïwan's "Silicon Shield" », *Stimson Center*, 16 août 2022.

Duchâtel, Mathieu, « Quels enjeux de défense pour Taïwan ? », *Diplomatie. Les grands dossiers*, n° 73, avril-mai 2023.

Duchâtel, Mathieu, « Semi-conducteurs: la quête de la Chine », Institut Montaigne, 14 janvier 2021.

Filkins, Dexter, « A Dangerous Game over Taïwan, *The New Yorker*, 14 novembre 2022.

Froissart, Chloé, « Chine, la crispation totalitaire », *Esprit*, novembre 2022.

Heath, Timothy R., « Is China Planning to Attack Taïwan? A Careful Consideration of Available Evidence Says No », *War on the Rocks*, 14 décembre 2022.

Lee, Hsi-min, « Nous n'avons plus de temps à perdre face à la Chine », *Libération*, 20 novembre 2022.

Leonard, Andrew, « Present at the Creation: How Pan Wenyuan Coinnected Silicon Valley and China », *Medium*, 19 juillet 2017.

Liu, John et Mozur, Paul, « The Chip Titan Whose Life's Work Is at the Center of a Tech Cold War », *The New York Times*, 4 août 2023.

Loa, Lok-sin, « Tsai Launches Final-week Campaign Tour », *Taipei Times*, 10 janvier 2016.

Mazza, Michael, « The Coming Crisis in the Taïwan Strait », *The American Interest*, 28 juin 2018.

Palmer, Alex W., « "An Act of War": Inside America's Silicon Blockade against China », *The New York Times*, 12 juillet 2023.

Powers-Riggs, Aidan, « Why the United States and Taïwan Don't Agree on Semiconductor Policy, Chips Act », *Foreign Policy*, 17 février 2017.

Ramzy, Austin, « Tsai Ing-wen Elected President of Taïwan, First Woman to Hold Office », *The New York Times*, 16 jan- vier 2016.

Rauhala, Emily, « "Reunification Is a Decision to Be Made by the People Here": Breakfast with

Taïwan's Tsai Ing-wen », *Time*, 18 juin 2015.
Simorre, Adrien, « Ce géant des puces qui fait rêver l'Europe », *L'Usine nouvelle*, 8 février 2022.
Tang, Audrey, « L'urgence est de construire Internet d'une manière qui favorise la résilience numérique, *Libération*, 14 décembre 2022.
Tierny, Hugo, Quelle défense pour Taïwan ? *Réflexions sur la guerre en Ukraine*, Institut Thomas More, note 57, octobre 2022.
Tierny, Hugo, « Taïwan vue de Chine: une vulnérabilité autant qu'une opportunité stratégique », *Diplomatie*, n° 113, janvier-février 2022.
Wang, Chris, « No Tears for a Tough Fighter », *Taipei Times*, 24 janvier 2012.
Wang, Chris, « Peace Proposal Puts Taïwan at Risk: Tsai », *Taipei Times*, 20 octobre 2011.
Wang, Mei-hua, « En cas de conflit à Taïwan, les dégâts économiques seraient bien plus considérables que ceux de la guerre en Ukraine », *Libération*, 15 juin 2023.
Wu, Joseph, « La Chine essaie de créer le chaos à Taïwan », *Libération*, 2 juillet 2021.

紀錄片

Vescovacci, Nicolas, *La Guerre des puces*, Arte/Babel Doc, 52 minutes, 2023.

致謝

感謝蘇珂・費（Soko Phay）給予的支持、督促和陪伴。

感謝奧莉芙（Olive）的好奇心、耐心，以及她的一切。

感謝弗蘭西絲卡・貝拿第（Francesca Bernardi）不輟的關心。

感謝奧林帕斯（Olympus）的讀後筆記和編輯意見。

感謝曾婷瑄、陳正杰、高格孚、李晏榕、胡晴舫、吳志中的協助和建議。

感謝我在巴黎和亞洲遇見的每一位臺灣人，謝謝他們過去十年間抽時間回答我的問題。

感謝提摩太・吉約坦（Timothé Guillotin），他是本書的推手和靈感來源。

萬象 006
臺灣路上：蔡英文的非典型力量
Taïwan, la présidente et la guerre

作　　者　阿諾．沃勒函（Arnaud Vaulerin）
譯　　者　柯宗佑

總 編 輯　簡欣彥
副總編輯　簡伯儒
責任編輯　梁燕樵
行銷企劃　曾羽彤
封面設計　mollychang.cagw.
版型設計　家思排版工作室
內頁排版　新鑫電腦排版工作室

出　　版　堡壘文化有限公司
發　　行　遠足文化事業股份有限公司（讀書共和國出版集團）
地　　址　231 新北市新店區民權路 108-3 號 8 樓
電　　話　02-22181417
Email　service@bookrep.com.tw
網　　址　http://www.bookrep.com.tw
法律顧問　華洋法律事務所　蘇文生律師
印　　製　韋懋實業有限公司
初版一刷　2024 年 5 月
定　　價　400 元
ISBN　978-626-7375-74-7
EISBN　978-626-7375-73-0（EPUB）
978-626-7375-82-2（PDF）

國家圖書館出版品預行編目資料

臺灣路上：蔡英文的非典型力量／阿諾．沃勒函（Arnaud Vaulerin）著 . 柯宗佑 譯 – 初版 .
– 新北市：堡壘文化有限公司出版：遠足文化事業股份有限公司發行 , 2024.05
面；　公分 . --（萬象；006）
譯自：Taïwan, la présidente et la guerre
ISBN 978-626-7375-74-7（平裝）
1. CST: 蔡英文　2. CST: 傳記　3. CST: 臺灣政治

783.3886　　113003237